ORACIONES PARA REZAR
POR LA CALLE

NUEVA ALIANZA MINOR

27

MICHEL QUOIST

ORACIONES PARA REZAR POR LA CALLE

SEXAGESIMOCUARTA EDICIÓN

EDICIONES SÍGUEME
SALAMANCA
2024

Tradujeron José Luis Martín Descalzo y Ramón María Sans Vila
sobre el original francés *Prières*

Imágenes de cubierta: Alexéi Jawlensky, *Paisaje a la luz de la
luna*, 1916 (portada) y *Amanecer*, 1914 (guardas)

© Les Éditions Ouvrières, Paris 1954
© Ediciones Sígueme S.A.U., 1961
   C/ García Tejado, 23-27 - E-37007 Salamanca / España
   Tlf.: (34) 923 218 203 - ediciones@sigueme.es
   www.sigueme.es

ISBN: 978-84-301-2193-9
Depósito legal: S. 1555-2007
Impreso en España / Unión Europea
Imprenta Kadmos, Salamanca

CONTENIDO

ETAPAS DEL ENCUENTRO DE CRISTO CON LOS HOMBRES

ORACIONES PARA REZAR POR EL CAMINO DE LA CRUZ

PRÓLOGO

JOSÉ LUIS MARTÍN DESCALZO

Oración: una palabra desprestigiada

A la hora de traducir este libro de Michel Quoist ha habido para nosotros una palabra rebelde, una a la que hemos dado vueltas y vueltas. Me refiero precisamente a la que sirve de título a la edición francesa de la obra: *Prières*.

¿Oraciones? ¿Plegarias? Sí, cualquiera de las dos traducciones habría servido, pero... Nos imaginábamos este pequeño volumen ya en los escaparates: perdido entre novelas de títulos brillantes y libros de memorias. Veíamos la portada y sobre ella una sola palabra: «Oraciones».

Imaginarse al hombre de la calle parado ante este escaparate era cosa también fácil. ¿Qué pensaría de esta extraña palabra perdida entre colorines y colorines que gritan como la vida?

Y es que entre nosotros oración es una palabra abiertamente desprestigiada. O quizá mejor: arrinconada. El hombre de la calle, viéndola campear en la portada de un libro, seguramente sentiría una difícil sensación, como si este libro hubiera sido algo raro metido entre los otros, cual si estuviera aislado por una campana neumática y un globo de aire destilado lo rodease.

El cristiano medio sabe, al parecer, rezar muy bien a «las horas de rezar», pero sabe también perfectamente decir a las demás horas que «ahora no estamos en misa» y reservar su capacidad religiosa para «mejores momentos».

9

Por eso vacilábamos a la hora de traducir este título. Teníamos que decirle a nuestro hombre del escaparate que este libro era para él, que este libro no era un pedazo de iglesia injertado en una librería, sino sencillamente una librería y una calle vistas con ojos cristianos.

Pero ¿acaso unos ojos cristianos tienen algo que hacer en plena calle o en los últimos rincones de la vida? En la mente del hombre de hoy surge siempre esta vieja tentación: la más antigua y peligrosa de todas, la maniquea. Hemos ido creándonos un cristianismo celeste, sintiendo temor del mundo y pensando que el único modo de que no se nos manchase la religión era aislándola de todo contacto con la realidad. Lo del viejo cuento de las manzanas: las buenas en un frutero, aparte, no fuesen a contagiarse de las malas.

El resultado estaba siendo en muchos casos una religión sin nervio y una vida sin alma. Numerosos cristianos se trasladaban cada semana durante unos treinta minutos a un viejo siglo arrancado a la Edad Media y luego, a la salida, se «cepillaban» esta antigüedad y... «vivían». Dentro hablaban un lenguaje «embalsamado»; fuera, un lenguaje «laico».

Para muchas almas el problema se agrandó cuando la vida religiosa se les «embalsamó» también y comenzaron a construirse una oración «sin Dios» y unas misas «sin Cristo». Dios en el fondo estaba tan ausente de sus veinticinco minutos como de las veintitrés horas y treinta y cinco restantes. Era ya una «religiosidad laica». El padre Arrizabalaga escribió con acierto que muchos iban a misa por la misma razón que a los cadáveres sigue creciéndoles la barba: por inercia vital. Muchos de los que rezaban estaban ya muertos cuando iban a misa. Visto desde fuera, seguían pareciendo vivos, pero el alma cristiana se encontraba ya lejos de ellos. Rezaban en la más aterradora ausencia de Dios.

Por eso la primera tarea de los cristianos conscientes de hoy es meter a Dios en la oración de sus hermanos. Y, como Dios está vivo, meter la vida en toda oración cristiana. Conseguir que esta palabra «oración» no siga sonando en nuestros oídos como una palabra vieja: «centauro», «sirena» o «magüer». Meterla en la vida, en este siglo en el que vivimos. Rezar por la calle. Llevar la oración a la vida, llevar la vida a la oración, exactamente.

Llevar la oración a la vida no es, naturalmente, caminar por ella con los ojos cerrados. Ya sabéis lo de Teresita de Lisieux: quiso un día, de chiquilla, mortificar la vista y se decidió a caminar a ciegas. El resultado fue muy simple: un cesto de manzanas rodando por el suelo. Santa Teresita aprendió la lección: un santo de ojos cerrados sólo consigue fastidiar al prójimo, santamente, claro. Se trata de ir por la vida con los ojos abiertos, con los ojos cristianos.

Llevar la vida a la oración tampoco significa disiparse. El hombre de hoy sigue precisando los «baños de silencio» de que hablaba Claudel. Pero no creemos que tales «baños» deban ser de deshumanización, ni que el hombre haya de abandonar sus barros, su gabardina, su alma a la puerta de la oración y acercarse a Dios con una careta arcangélica.

Es preciso volver a las cosas como son: la religión y la vida como una sola cosa. El cristiano ha de aprender a «vivir la oración» y «orar la vida». No sólo «orar en la vida», sino orar la misma vida.

No tener miedo al mundo

Todo esto exige una gran sencillez de alma, una visión sin retóricas de misterios tan limpios como que Dios es nuestro Padre, que Dios se hizo uno de nuestra raza, que los hombres somos todos hermanos, que todos somos esa cosa maravillosa que es ser hijos.

Exige también no tener miedo al mundo, amar las dulces cosas de la tierra y todo lo de abajo, amar –con terrible amor– esta naturaleza tan pegadiza al pecado. Un cristianismo menos celeste, en suma.

Al pan, pan, y al vino, vino

A las casas se entra por los portales, y el portal de la oración es su lenguaje. La oración –siendo así– tiene el portal bastante desvencijado. Hace poco oí rezar una novena que sumaba un total de cuarenta y cuatro «ísimas»: santísima, dulcísima, purísima… Cuarenta y cuatro, no exagero. Me dijeron que era una novena que daba mucha devoción. «A pesar de los ísimas», pensé. Porque uno, la verdad, no podía menos de sonreír al imaginarse a los novios dirigiéndose a sus parejas con frases de este estilo: «Oh, excelentísima y preciosísima señora novia mía: asomado al espectáculo de vuestra sin par belleza…».

¡Y qué bonita y sencilla fue siempre la oración! «Los viejos salmos –ha escrito el padre Charles– nos hablan de las ranas y de los mosquitos, de la lengua de los perros, del mochuelo y de los asnos salvajes; del queso, del aceite, de la manteca y de la cerveza, de las vacas que paren –*abundantes in egressibus suis*– y de las vainas que se dan de comer a los cerdos. Todo esto no es muy académico, pero el Espíritu Santo no se entorpece con los escrúpulos de nuestros estetas».

¡Y la sublime sencillez de la liturgia! Es hermoso leer esa misa en la que no hay una palabra que no pudiera entender un carretero, siempre, naturalmente, que los traductores fueran tan amigos de los carreteros como de los diccionarios.

¡Qué mala suerte, en cambio, han tenido las demás oraciones! El siglo XVII volcó sobre ellas la maravillosa y complicadísima construcción de sus frases, el XVIII la friísima sabiduría de sus sabios preceptistas, el XIX la selva de su retórica y mal gusto. El XX no parece haberse inclinado sobre ellas hasta el presente. Y, sin embargo, los hombres que hoy rezamos hemos nacido casi todos en el siglo XX. Y tenemos nuestro lenguaje. Y nuestras manías y nuestros modos de decir las cosas. Un lenguaje bueno o malo, pero nuestro. Unas preocupaciones hondas o superficiales, pero nuestras. Unas esperanzas más o menos sólidas, pero profundamente nuestras.

¿Qué impide entonces que en este siglo aporte su lenguaje a la oración de hoy? Sólo la rutina, sólo una tradición mal entendida.

Malentendida y funesta. Porque quizá en ella se basa, en gran parte, esa extraña sensación que sentimos muchas veces al entrar en las iglesias. En muchos casos el lenguaje que allí oímos es plenamente extranjero y dista del lenguaje corriente poco menos que el checoslovaco.

Las oraciones de Michel Quoist

Ya está dicho por qué traducimos las oraciones de Michel Quoist: porque en ellas encontramos las preocupaciones y esperanzas del hombre de hoy, expresadas con un lenguaje actual ciento por ciento.

Oraciones modernas por lo comunitarias. Quizá nunca –salvo en la liturgia– hemos leído oraciones en las que pesase tanto el prójimo. Casi diríamos que es éste el gran descubrimiento de Quoist: la carga de fraternidad que todas sus palabras llevan, la batalla al egoísmo religioso, la lucha contra una piedad que consuele y atonte en vez de empujar hacia el amor a los demás.

Este descubrimiento del prójimo lleva encadenado el hallazgo del dolor del mundo: una gran zona del mundo sufriente clama en cada una de estas páginas. Y clama sin demagogias ni fórmulas declamatorias; con todo el peso de unos hechos que no precisan comentario. «Todos los casos que en este libro se cuentan –nos dice en una de las notas la edición francesa– son rigurosamente históricos». La nota nos parece interesante, aunque no era necesaria. Quien haya vivido con los ojos medianamente abiertos –en cualquier rincón del mundo– se habrá encontrado docenas de dolores gemelos. Que desgraciadamente no hay fronteras para la amargura. Como no las hay para la Gracia.

Oraciones modernas por su lenguaje: consiste en decir las cosas como son, sin adornarlas, que es una de nuestras características más acusadas. Decirlas casi con desaliño, como las encontraría una mujer de barrio o un dependiente de comercio.

Ésta era –hemos de confesarlo– la mayor dificultad a la hora de traducir este libro. Porque una mujer de barrio española, por ejemplo, habla con sus modismos, y éstos son forzosamente diversos de los usados en una calle parisina. Esto ha hecho que, más que traducirlas, hayamos debido trasplantarlas de boca. El libro que quiere ser rezado por hombres de la calle no podía «saber» a francés. Por ello, hemos optado más por el «sabor español» que por la exactitud matemática a la hora de traducir. Si el lector no encuentra tropiezos a la hora de leer, nos sentiremos felices.

Cuatro partes

Y ahora debemos abrir ante el lector la estructura del libro de Quoist. No porque sea difícil, sino porque siempre vendrá bien una visión de conjunto trazada desde el principio.

En las primeras oraciones –tres solamente– habla Dios. Porque la oración es antes que nada «escuchar». Estamos demasiado habituados a entender la oración como charla por parte del hombre, y hay así –también en lo religioso– más charlatanes que oyentes. Y lo primero es oír. Pero ¿cómo atreverse a inventar las palabras que Dios dirigirá al lector de estas páginas? Quoist lo intenta ¡y con cuánto acierto! Siguiendo la trayectoria de Péguy ha puesto en la boca del Padre palabras infinitamente paternales, infantiles casi. Estamos en la ribera opuesta de ese Dios terrible que muchos imaginan. Quoist le hace hablar en voz baja, con un tono lleno de dulce humor e impresionante cariño. Y es bueno que el lector comience aprendiendo esta lección a través de la boca de Dios: hablar sencillamente, rezar humildemente, con un tono familiar, el mismo con el que decimos «buenos días» o «hasta mañana, Juan».

En la segunda parte Dios sigue hablando, pero ahora a través de las cosas. ¡Si supiéramos ver! ¡Si supiéramos oír! Todas las cosas nos transmitirían esa lección de amor que Dios dejó escrita en todas ellas, todo nos hablaría. A través de pequeñas plegarias, Quoist nos dibuja la pequeña palabra de unas cuantas pequeñas cosas. Pero ¡qué gran libro de oración sería el mundo si supiéramos recoger todas estas infinitas páginas esparcidas por el ancho mundo!

Siguen luego las oraciones en las que el hombre habla de Dios. También aquí la oración nace de la vida, de los sucesos cotidianos, de los dolores diarios. De un amigo encontrado, de un problema entrevisto.

Estas oraciones, digámoslo enseguida, son a veces molestas, «fastidian a algunos» dice el autor en el prólogo a la edición francesa. A pesar de ello nosotros quisiéramos pedir al lector de habla española que sea «lo suficientemente valiente como para no saltarse esas páginas inquietantes a fin de oír las preguntas que a través de ellas Dios querrá plantearle». La oración no puede ser un somnífero ni una morfina, y si debe conducir a la paz, no podemos confundir paz con modorra. La paz cristiana –esto lo sabe todo el que haya abierto alguna vez el Evangelio– es una mezcla de serenidad y espada. En estas oraciones es la espada quien despunta, no para llevar a la angustia, pero sí a una conciencia más abierta al mundo y a una acción menos complaciente.

La cuarta parte de esta obra intenta iluminar el sentido del camino del creyente. Visto a través de las etapas normales de todo cristiano al principio; iluminado después por el «camino» de Jesús. Páginas todas éstas que llevan hacia la luz, pero sin camuflar un sólo instante las sombras que hacia ella conducen.

Cómo hay que rezar este libro

¿Nos perdona el lector si alargamos un poco más este prólogo para darle unos consejos que le hagan más útil este libro? Seremos breves.

Le recordamos, ante todo, que no ha de leerlo de un tirón, como una novela. Hay en estas páginas oraciones escritas en los más diversos estados de ánimo y evidentemente es necesario sintonizar con estos momentos. Quizá el camino fuese, tras una primera lectura, dejarlo como libro amigo al que se acude de vez en cuando y se busca en los días tristes para leer «tal» oración y en los alegres «tal otra». Entonces alcanzará el lector todo su jugo.

Le advertimos también de que este libro no se cierra con sus páginas. Se trata más de dar modelos de oraciones al lector que de realizarlas todas.

Un tercer aviso: leerlas conectándolas con los textos bíblicos que las preceden. Demasiadas veces hacemos oración alejándonos de la Escritura. Quoist no procede así, y éste es otro de los méritos de este libro: unas sencillas citas que, puestas a la altura de la vida de hoy, parecen todas escritas hoy también. Si el lector lograra sentirse vivo dentro aún del mundo evangélico...

Último consejo: leer orando. La oración suele terminar donde empieza, y mal podría concluir en oración lo que comenzó en literatura. O en superficialidad.

Mundo mejor, oración mejor

Y ahora ya únicamente tiene el lector que pasar una página para entrar en el clima de Quoist. Si en las páginas que siguen aprendieran muchos lo sencilla que es la oración, el fruto de este libro estaría conseguido, y sería tan importante...

«Deseamos –escribió Rademacher– un hombre nuevo, una familia nueva, un Estado nuevo, una sociedad nueva, una cultura nueva y una nueva tierra. Pero las realidades exteriores de la vida no pueden renovarse sin que haya una regeneración interior. Sólo cuando hayamos tendido un puente sobre el abismo que separa al hombre de Dios, podremos llenar las otras simas».

Ese puente es la oración y todas las reformas han de empezar por ella. Sólo tendremos un mundo mejor cuando tengamos una oración mejor. Cuando vivamos una verdadera unión con Dios y con los demás hombres, cuando ni un solo dolor del mundo nos resulte extraño, cuando nos llegue a parecer normal ver a Cristo caminando por una de nuestras calles y acercarnos a Él, y decirle: «Hola, Señor, ¿cómo estás?».

ORACIONES
PARA REZAR POR LA CALLE

SI SUPIÉRAMOS
ESCUCHAR A DIOS…

Si supiéramos escuchar a Dios oiríamos su voz.

Porque Dios nos habla. Ha hablado en su Evangelio.

Y habla todavía hoy en la vida, este quinto Evangelio, que página a página vamos escribiendo nosotros todos los días.

Pero nuestra fe es demasiado enclenque y nuestra vida demasiado vulgar. He ahí por qué llega tan pocas veces hasta nosotros el mensaje de Dios.

¿Por qué no nos imaginamos lo que Él nos diría hoy si se pusiera a traducirnos su Evangelio?

Tal vez esto nos ayude a escuchar su voz en los comienzos de nuestra vida de amistad con Cristo.

AMO A LOS NIÑOS

Y le presentaron unos niños para que pusiera sus manos sobre ellos, pero los discípulos comenzaron a refunfuñar. Viéndolo Jesús, se enojó y les dijo: «Dejad que los niños vengan a mí y no los estorbéis, porque de ellos es el Reino de Dios. En verdad os digo: quien no reciba el Reino de Dios como un niño no entrará en él» (Mc 10, 13-15).

Yo amo a los niños, dice Dios, y quiero que os parezcáis a
ellos.
No me gustan los viejos, dice Dios, a no ser que sean niños todavía.
Y en mi reino no quiero más que niños, eso está decretado
desde siempre.
Niños cheposos, niños retorcidos, niños arrugaditos, niños
de barba blanca, todas las clases de niños que queráis,
pero niños, sólo niños.
Y no hay que darle más vueltas. Eso está decidido. No tengo sitio para los mayores.

Yo amo a los niños, dice Dios, porque en ellos mi imagen
no ha sido adulterada,
ellos no han falseado mi semejanza, son nuevos, son
puros, sin borrón, sin escoria.
Por eso, cuando me inclino sobre ellos dulcemente es como si me estuviera mirando en un espejo.
Amo a los niños porque aún están haciéndose, porque aún
están formándose, van de camino, caminan.

Pero con los mayores, dice Dios, con los mayores ya no
hay nada que hacer, ya no crecerán más, ni una gota, ni
un palmo,
¡basta!, ¡se acabó! Se han estancado...

Es horrible, dice Dios; los mayores se creen que ya han
llegado.

A los niños grandes, dice Dios, sí los amo,
aún están luchando, aún cometen pecados.
Bueno, a ver si me entendéis; no es que los ame porque
los cometan, dice Dios,
es porque saben que los cometen y se esfuerzan en no
cometer más.

En cambio, a los «hombres serios», dice Dios, ¿cómo puedo amarlos?
Nunca hicieron mal a nadie, no tienen nada de que arre-
pentirse, no puedo perdonarles nada, no tienen nada de
que pedir perdón.
Es descorazonador, dice Dios. Descorazona porque no es
verdad.

Pero sobre todo, dice Dios, sobre todo los pequeños me
gustan por sus ojos.
Es ahí donde leo su edad, y en mi cielo –veréis– no habrá
más que ojos de cinco años de edad. Porque no conozco cosa más bonita que una mirada inocente de niño.

Y no es extraño, dice Dios, porque yo habito en ellos, y
soy yo quien se asoma a las ventanas de sus almas.
Cuando en la vida os encontréis una mirada pura, soy yo
quien os sonríe a través de la materia.
En cambio, dice Dios, no hay cosa más horrible que unos
ojos marchitos en un cuerpo de niño.

Las ventanas están abiertas y la casa vacía.

Quedan dos cuevas negras, pero dentro no hay luz. Tienen pupilas, pero ha desaparecido la mirada.

Y yo, triste, a la puerta, tengo frío, y espero, y golpeo, y me pongo nervioso por entrar.

Y el de dentro está solo: el niño.

Se endurece, se seca, se marchita, envejece.

¡Pobrecito!, dice Dios.

* * *

¡Aleluya, aleluya!, dice Dios a los viejos, ¡abrid vuestros corazones! Vuestro Dios, el siempre Resucitado, va a resucitar en vosotros al niño.

Daos prisa, es la ocasión, moveos. Estoy dispuesto a devolveros un hermoso rostro de niño, una hermosa mirada de niño.

Porque yo amo a los niños, dice Dios, y quiero que os parezcáis a ellos.

MI MEJOR INVENTO ES MI MADRE

María, la Virgen, se nos fue al cielo. En alma y cuerpo. Misterio de la Asunción. A nuestra generación le han tocado la honra y el gozo de asistir a la proclamación de este dogma.

Los hombres tenemos uno de nuestra raza, un hermano nuestro que es Dios.

Y una mujer de nuestro linaje, hermana nuestra, que es Madre de Dios.

Y uno y otra juntos, cuerpo y alma, siguen nuestros pasos, nos aman y nos esperan en la Felicidad que no tiene fin.

* * *

Entrando (el ángel) donde ella estaba, le dijo: «Dios te salve, llena de gracia, el Señor es contigo» (Lc 1, 28).

Dijo María: «Mi alma alaba al Señor y exulta de júbilo mi espíritu en Dios mi salvador, porque ha mirado la humildad de su sierva. Por eso todas las generaciones me llamarán bienaventurada, porque ha hecho en mí maravillas el Todopoderoso, cuyo nombre es santo» (Lc 1, 46-49).

Mi mejor invento, dice Dios, es mi madre.
Me faltaba una madre y me la hice.
Hice yo a mi madre antes que ella me hiciese. Así era más
    seguro.
Ahora sí que soy hombre como todos los hombres.
Ya no tengo nada que envidiarles, porque tengo una ma-
    dre, una madre de veras.
Sí, eso me faltaba.
Mi madre se llama María, dice Dios.

Su alma es absolutamente pura y llena de gracia.

Su cuerpo es virginal y habitado de una luz tan espléndida que, cuando yo estaba en el mundo, no me cansaba nunca de mirarla, de escucharla, de admirarla.

¡Qué bonita es mi madre!

Tanto, que dejando las maravillas del cielo nunca me sentí desterrado junto a ella.

Y fijaos si sabré yo lo que es eso de ser llevado por los ángeles...

Pues bien, eso no es nada junto a los brazos de una madre, creedme.

Mi madre ha muerto, dice Dios. Cuando me fui al cielo la echaba de menos. Y ella a mí.

Ahora me la he traído a casa, con su alma, con su cuerpo, bien entera.

Yo no podía portarme de otro modo. Debía hacerla así. Era lo lógico.

¿Cómo iban a secarse los dedos que habían tocado a Dios?

¿Cómo iban a cerrarse los ojos que lo vieron?

Y aquellos labios que lo besaron ¿creéis que podrían marchitarse?

No, aquel cuerpo purísimo, que dio a Dios un cuerpo, no podía pudrirse entre la tierra.

Y yo no fui capaz. ¿Cómo iba a hacerlo? Habría sido horrible para mí.

¿O no soy yo el que manda? ¿De qué iba a servirme, si no, el ser Dios?

Además, dice Dios, también lo hice por mis hermanos los hombres: para que tengan una madre en el cielo, una madre de veras, igual que las suyas, en cuerpo y alma. La mía.

Bien. Hecho está. La tengo aquí, conmigo, desde el día de su muerte. Su asunción, como dicen los hombres.

La madre ha vuelto a encontrar a su Hijo, y el Hijo a la madre, en cuerpo y alma, el uno junto al otro, por toda la eternidad.

Ah, si los hombres alcanzaran a adivinar la belleza de este misterio…

Al fin, ellos lo han reconocido oficialmente. Mi representante en la tierra, el Papa, lo ha proclamado solemnemente.

¡Da gusto, dice Dios, ver que se aprecian los dones que uno hace! Aunque la verdad es que el buen pueblo cristiano ya había presentido ese misterio de amor de hijo y de hermano…

Y ahora: que se aprovechen, dice Dios.

En el cielo tienen una madre que les sigue con sus ojos, con sus ojos de carne.

En el cielo tienen una madre que los ama con todo su corazón, con su corazón de carne.

Y esa madre es una. Y me mira a mí con los mismos ojos que a ellos, me ama con el mismo corazón.

Ah, si los hombres fueran pícaros… Bien se aprovecharían.

¿Cómo no se darán cuenta de que yo a ella no puedo negarle nada?

¡Qué queréis! ¡Es mi madre! Yo lo quise así.

Y bien… no me arrepiento.

Uno junto al otro, cuerpo y alma,
    eternamente Madre e Hijo…

DESPIÉRTATE YA,
HIJO MÍO, POR FAVOR

Observemos a Cristo mientras sube al Calvario. Y revivamos con Él las estaciones de su Vía Crucis, para respirar su amor hacia nosotros.

Pero la Pasión no se acabó entonces. Resumida en Cristo, que cargó sobre sí todo el pecado y el dolor de los hombres, dos mil años después se sigue concretando en el mundo, y seguirá concretándose hasta el último atardecer del tiempo.

Cristo vivo en sus miembros sigue sufriendo y muriendo por nosotros a dos pasos de nosotros. Su Calle de la Amargura pasa por nuestros barrios y ciudades, hospitales y fábricas; pasa por nuestras callejas de miseria y dolor de todo tipo; pasa incluso por nuestros campos de batalla.

También ante estas estaciones hemos de meditar y orar para pedir a Cristo doloroso el valor de amarle lo bastante para lanzarnos a la acción.

* * *

Ahora me alegro de mis padecimientos por vosotros, y completo en mi carne lo que falta a las tribulaciones de Cristo por su cuerpo, que es la Iglesia (Col 1, 24).

Yo estaré en agonía hasta el fin de los siglos, dice Dios.
Seré crucificado hasta el fin de los siglos.
Los cristianos, mis hijos, no parecen sospecharlo siquiera.
Soy maniatado, abofeteado, crucificado. Muero ante ellos,
    y ellos no se enteran, no ven nada, están ciegos.
Es imposible que sean verdaderos cristianos. ¿Cómo podrían vivir, si no, mientras yo muero?

* * *

Oh, Señor, dice el hombre, no te entiendo. Eso no es posible. Estás exagerando.

Si yo viera que te atacaban seguro que te defendería, estaría a tu lado si agonizases.

Señor, yo te amo.

* * *

No, no es verdad, dice Dios. Te equivocas. Los hombres os equivocáis, se equivocan.

Ellos dicen que se aman, se lo creen, a veces hasta son sinceros, admitámoslo.

Pero se equivocan de punta a punta;
no comprenden, no ven.

Lentamente han ido deformándolo todo, deshuesándolo, vaciándolo.

Creen amarme porque una vez al mes honran mi sagrado Corazón,
como si yo no les amase más que doce veces al año.

Creen amarme porque son exactos en sus devociones, porque asisten devotos a la eucaristía, porque no comen carne cuatro viernes al año, porque me compran velas y me hacen promesas o sueltan una oración ante no sé qué imagen que me representa.

Pero yo no soy de yeso pintarrajeado, dice Dios, ni de piedra, ni de bronce.

Yo soy de carne viva, palpitante, sufriente.

Yo estoy con ellos y ellos no me han reconocido.

Yo soy un obrero explotado. Soy un descontento, un huelguista, un inmigrante.

Vivo en una covacha, estoy tuberculoso, duermo bajo los puentes. O en la cárcel.

Soy «honrado» con la «paternal caridad» de los ricos.

Y no será porque no les haya dicho: «Lo que hagáis al más pequeño de los míos, a mí me lo hacéis».

Creo que está claro, ¿no?

Pero quizá lo peor es que lo saben perfectamente. Y les
parece un cuento. O demagogia.

Sí, han desgarrado mi corazón, dice Dios, y yo esperé que
alguien se compadeciese de mí, mas no hubo nadie.

Y ahora tengo frío, dice Dios, tengo hambre, estoy desnudo; me encarcelan, me escarnecen, me humillan.

Pero aun ésta es una pasión de juguete, para que vaya entrenándome.

Porque los hombres, dice Dios, han inventado cosas más
horribles:

    enarbolando su libertad, empuñándola

    ellos han inventado… (perdónales, Señor, porque no
    saben lo que hacen).

    ellos han inventado la guerra; la de verdad, ellos han
    inventado la Pasión, la *Pasión*.

Porque donde quiera que haya un hombre
    allí estoy yo, dice Dios.

Y desde el día en que me deslicé hasta sus vidas,
    hasta sus casas, hasta las de todos,
    desde el día en que me lo jugué todo al intentar juntar-
    los, reunirlos, desde ese día
    soy rico y soy pobre,
    obrero y patrón,
    huelguista y esquirol.

¡Todos estos quehaceres me han colgado los hombres!

Y ahora estoy del lado de los manifestantes y del lado de
los guardias de asalto, pues hasta en policía me con-
vierten los hombres.

Soy de izquierdas, de derechas, de centro,
    y estoy a este lado de la frontera y en el otro,
    soy español y francés, ruso y yanqui,
    soy del norte y del sur…

Estoy donde quiera que haya un hombre, dice Dios.

Sí, los hombres me compraron, me poseen, los judas
  (Dios te salve, maestro).
Y ahora estoy en su casa, con ellos, hecho uno de ellos,
  hecho ellos.
Y ved ahora lo que hacen de mí:
  me maniatan, me flagelan, me crucifican,
  me destrozan al destrozarse entre sí,
  me asesinan al asesinarse los unos a los otros.
Y como resulta que los hombres son grandes inventores,
  ahora, inventaron... ¡la guerra!
  y yo salto hecho añicos al explotar las minas,
  agonizo en las trincheras,
  aúllo acribillado por los obuses,
  me desplomo bajo las ráfagas de las ametralladoras,
  sudo sangre de hombre en todos los campos de batalla,
  grito gritos de hombre en la noche de los combates,
  muero muerte de hombre en la soledad de la refriega.
¡Oh, tierra de lucha, inmensa cruz donde los hombres me
  tienden todos los días!
¿No bastaba el madero del Gólgota?
¿Faltaba aún este inmenso altar para mi sacrificio de amor
  y era necesario que mientras, a mi alrededor, los hombres se rieran, cantaran, danzaran y me crucificaran
  entre un inmenso mar de carcajadas?

* * *

¡Basta, Señor! ¡Ten piedad!
¡No puedo resistirlo! ¡Yo no he sido!

* * *

Sí, hijo mío,
  eres tú y sois todos,
  pues hacen falta muchos martillazos para hundir un
  clavo,
  hacen falta muchos latigazos para arar una espalda,

hacen falta muchas espinas para tejer una corona,
y tú eres uno más de esta humanidad que, reunida, me
condena.
¿Qué importa si tú eres de los que golpean o de los que
miran, de los que hacen o de los que dejan hacer?
Todos sois igualmente culpables: actores y mirones.

Pero al menos, hijo mío, no seas tú de los que duermen, de
los que pueden descansar tan tranquilos.
¡Dormir! ¡Es horrible esto de quedarse dormidos!
    (¿Ni siquiera una hora podéis velar conmigo?).

Hijo mío, ponte de rodillas. ¿No oyes el ruido del combate?
Es la campana que toca.
Es la misa que empieza.
Dios muere por ti crucificado por los hombres.

SI SUPIÉRAMOS
CONTEMPLAR LA VIDA…

Si supiéramos contemplar la vida con los ojos de Dios, veríamos que en el mundo no hay nada que no sea religioso, que todo tiene su misión en la construcción del Reino de Dios.

De ahí que quien tenga fe no se conformará con levantar los ojos al cielo para ver a Dios, sino que contemplará también la tierra con ojos cristianos.

Si hubiésemos dejado a Cristo entrar hasta el fondo de nuestro ser, si hubiésemos purificado suficientemente nuestra mirada, el mundo dejaría de ser un obstáculo para nosotros. Sería, más bien, una exigencia continua de trabajar para el Padre, a fin de que por mediación de Cristo, su reino se realice en la tierra lo mismo que en el cielo.

Es preciso, pues, pedir a Dios la fe necesaria para saber vivir con los ojos cristianamente abiertos.

ME GUSTARÍA
LEVANTARME EN VUELO

Bendito sea Dios, Padre de nuestro Señor Jesucristo, que en Cristo nos bendijo con todo género de bendiciones espirituales en los cielos; porque en Él nos eligió desde antes del comienzo del mundo, para que fuésemos santos e inmaculados ante Él, y nos predestinó en caridad para que fuésemos Hijos suyos adoptivos por Jesucristo... Él nos hizo conocer el misterio de su voluntad, el plan que se propuso realizar en Cristo al fin de los tiempos: reunir todas las cosas, celestes y terrestres, bajo una sola Cabeza: Cristo (Ef 1, 3-5.9-10).

Me gustaría levantarme en vuelo, Señor,
    por encima de mi ciudad,
    por encima del mundo,
    por encima del tiempo,
Purificar mi vista y pedirte prestados tus ojos.

Desde arriba vería el universo, la humanidad, la historia,
    como los ve tu Padre;
    vería en la prodigiosa transformación de la materia,
    en el continuo burbujear de la vida,
    tu gran Cuerpo que nace bajo el soplo del Espíritu.
Vería el maravilloso, eterno sueño de amor de tu Padre:
    todo centrándose y, resumiéndose en ti, oh Cristo,
    todo: el cielo y la tierra.
Vería como todo en ti se centra hasta en sus más mínimos
    detalles,

cada hombre en su sitio,
cada grupo,
cada cosa.
Vería aquella fábrica, este cine,
la clase de matemáticas
y la colocación de la fuente municipal,
los cartelitos con los precios de la carne,
la pandilla de adolescentes que va al cine,
el chiquitín que nace y el anciano que muere.
Divisaría la más minúscula partícula de materia
y la más diminuta palpitación de vida,
el amor y el odio,
el pecado y la gracia.
Y entendería cómo ante mí se va desarrollando la gran
aventura del Amor iniciada en la aurora del mundo,
la Historia santa que, según la promesa, sólo conclui-
rá en la Gloria cuando, tras la resurrección de la carne,
tú te alzarás ante tu Padre y le dirás: Todo está concluido. Yo soy el Alfa y la Omega, el principio y el fin.
Sí, yo comprendería que todo está bien hecho y se dirige
a su sitio,
que todo no es más que una gran marcha de los hombres y todo el universo hacia la Trinidad,
en ti y por ti, Señor.
Comprendería que nada es profano, nada,
ni las cosas,
ni las personas,
ni los sucesos,
sino que todo tiene un sentido sagrado
en su origen divino
y que todo debe ser consagrado por el hombre
hecho Dios.
Comprendería que mi vida, pequeñísima respiración del
gran Cuerpo total, es un tesoro insustituible en los planes del Padre.

Y al comprenderlo
   caería de rodillas;
   admiraría, Señor, el misterio del mundo,
   el cual, a pesar de los innumerables
   y horrorosos manchones del pecado,
   es una larga palpitación de amor
   hacia el Amor eterno.

Sí, me gustaría levantarme en vuelo,
   sobre mi ciudad,
   sobre el mundo,
   sobre el tiempo;
   purificar mi vista y pedirte prestados tus ojos.

... TODA LA VIDA
NOS HABLARÍA DE ÉL

Si supiéramos contemplar la vida con los ojos de Dios, todo en la vida se nos convertiría en signo, nos tropezaríamos con continuos detalles del amor de un Creador que mendiga el amor de su criatura.

El Padre nos ha puesto en el mundo. Pero no para vivir en él con los ojos adormilados, sino para ir buscando sus huellas en las cosas, en los acontecimientos, en la gente. Todo nos debe hablar de Dios.

No se nos exigen largas oraciones para ir sonriendo a Cristo desde los más pequeños detalles de nuestra vida de cada día.

Las páginas que siguen quisieran aportar algunos sencillos ejemplos de este paso del amor.

EL TELÉFONO

Acabo de colgar. ¿Para qué me ha llamado?
Ah, ya, Señor, entiendo.

He hablado demasiado y no he escuchado nada.

Perdóname, Señor, he soltado mi rollo y no he dialogado.
He impuesto mi idea y no la he intercambiado.
Y como no he escuchado, no he aprendido nada.
Y como no he escuchado, no he aportado nada.
Y como no he escuchado, no hemos «comulgado».

Perdóname, Señor, porque yo estaba «comulgando»
    y ahora estamos –sin comunicación– desunidos.

PIZARRAS VERDES

La escuela es último modelo.
El director, muy ufano, me la muestra explicándome has-
    ta los más pequeños detalles de su equipamiento.
El mejor invento son las pizarras verdes.
Los técnicos han estudiado largamente el asunto,
    han llevado a cabo un montón de pruebas.
Y ahora sabemos que el verde es el color ideal,
    que no cansa la vista, que serena y relaja.

Y al verlo, Señor, se me ocurría que tú no has tardado tan-
    to en pintar de verde las praderas y los árboles.
Tus laboratorios han funcionado a la maravilla,
    y para que no nos aburriésemos, ¡qué variedad de ver-
    des has dado a tus praderas «modernas»!

Y sonrío al pensar que los «descubrimientos» de los hom-
    bres se reducen a descubrir ahora lo que tú has descu-
    bierto desde la eternidad.
Te agradezco, Señor, que seas el buen Padre de familia que
    deja a los pequeños la alegría de ir descubriendo ellos
    solos los tesoros de su inteligencia y de su amor.
Pero líbranos de creer que esas cosas las estamos inven-
    tando nosotros al hallarlas.

LA TELA METÁLICA

Los alambres se chocan la mano entre los agujeros.
Para no romper el corro aprietan con fuerza la muñeca del
vecino
y es así como, precisamente con agujeros, hacen una
barrera.

Señor, son incontables los agujeros de mi vida, tampoco
faltan en las de mis vecinos.
Pero si Tú lo quieres nos daremos la mano,
nos ataremos fuerte
y juntos formaremos una tela metálica que te sirva algún día para adornar tu Paraíso.

EL PISOTÓN

Un hombre me ha pisado.
Lo miro con rabia.
Él, con resentimiento.

Pero luego he pensado que no fue para odiarnos
	para lo que tú has hecho que él y yo nos cruzáramos.
Sus ojos han llamado a la puerta de mi alma. Le abriré
	sonriendo.

Y sonrío.
Y sonríe.
Y con este apretón de manos me nace un nuevo amigo.

¡Ah, cuánto te agradezco este encuentro, Señor!

LA CINTA DE GOMA DE LA BICI

Tiraba con ambas manos de la cinta de goma para atar el paquete al transportín; tiró una, dos, tres veces, y de pronto −¡clac!− la cinta se rompió.

Él se apretó enseguida fuertemente la mano porque la goma se había vuelto violenta y le había golpeado, furiosa por el mal trato.
Habría que empezar otra vez con una nueva cinta.

Así también en la vida, Señor, con mis amigos yo tengo obligación de tirar, pero no de romper.
Porque entonces los otros se irían al otro extremo, y yo me quedaría solo en el camino desconocido.

Así también en tu Iglesia, este pesado grupo de tus amigos que lentamente se arrastra.
Concede, Señor, a los avanzados el tirar con todas sus fuerzas de la cinta de goma,
pues el tiempo va abriendo nuevos caminos que ninguno de los cristianos ha pisado todavía.
Pero que no rompan la cinta cuando tiren
porque ellos se encontrarían fuera de tu Vida,
y los otros recularían, y habría que volver a empezar todo de nuevo.

MI AMIGO

He estrechado la mano de mi amigo,
    y, de pronto, al ver sus ojos tristes y angustiados,
    he temido que no estuvieras en su corazón.
Y me he sentido molesto como ante un sagrario en que no
    sé si estás.

Oh, Dios, si no estuvieras en él, mi amigo y yo estaríamos
    alejados el uno del otro, pues su mano en la mía no se-
    ría más que carne entre carne
    y su corazón para el mío un corazón de hombre para el
    hombre.
Yo quiero que tu Vida esté en él como en mí,
    pues quiero que mi amigo sea mi hermano gracias a ti.

EL LADRILLO

El albañil posaba el ladrillo sobre un lecho de cemento;
    manejando hábilmente su llana, lo cubría con una capa
    de cemento
    y, sin pedirle permiso, colocaba otro ladrillo encima.
A ojos vistas crecían los cimientos
    y la casa iba levantándose, alta y segura, para cobijo de
    las personas.

Pensé, Señor, en el pobre ladrillo enterrado en la noche al
    pie del muro.
Nadie lo verá más, pero él cumple allí su oficio de soste-
    ner a los demás.
Señor, ¿qué importa que yo esté en el tejado de la casa
    o en los cimientos,
    con tal de que te sea fiel, firme en mi sitio,
    realizando la obra que me has encomendado?

EL NIÑO

La madre se ha alejado, por un momento, del cochecito del
  pequeño
  y yo me he acercado para encontrarme con la Santísima Trinidad que vive en su alma.
El niño duerme, con sus bracitos reposando sobre la pequeña sábana bordada.
Sus ojos cerrados miran al interior
  y su pecho dulcemente sube y baja acompasado.
Parece que su vivir repita: «La casa está habitada».

Señor: Tú estás ahí.

Te adoro en este niño que te conserva intacto.
Ayúdame a volver a ser como él,
  a reencontrar tu imagen y tu vida
  tan hondas en mi alma.

CARTELES

¡Ah, qué asquerosos son!
No puedo pasar mis ojos por los muros sin dejar de verlos,
    pues se aprietan los unos contra los otros, como her-
    manos gemelos, aliados para provocarme.
Sus chillones colores hieren los ojos
    y en las heridas dejan bien grabadas sus formas,
    como el tatuador marca las pieles ensangrentadas.

Señor, ¡cuántas veces yo me voy exhibiendo como un car-
    tel por todas las esquinas!
Concédeme ser más humilde y discreto.
Y, sobre todo, líbrame de ir lanzando brillos artificiales;
    sólo tu luz en mí debe atraer, Señor,
    los ojos de los demás.

EL METRO

Pssssss… ¡clac!
La puerta se ha cerrado,
    los cuchillos mecánicos han cortado, en la masa huma-
    na del andén, una «ración de metro».
Arrancamos.
Apenas puedo moverme.
He dejado de ser una persona para convertirme en masa.
Una masa que se desplaza en bloque, como una tarta de
    helado en una caja un poco grande.

Masa anónima, indiferente, alejada tal vez de ti, Señor.
Yo formo un todo con ella y a veces me doy cuenta
    de lo difícil que resulta distinguirse.
La multitud es torpe, pone suelas de plomo a mis pies,
    ya de por sí tan lentos;
    somos demasiados pasajeros
    en esta mi barquilla atestada.
Y, con todo, Señor, yo no tengo derecho a ignorarlos,
    ya que son mis hermanos.
No puedo salvarme solo, en taxi.
Puesto que así lo quieres, me salvaré «en metro».

EL COLUMPIO

En el extremo de estas dos cuerdas tensas
    se columpiaba.
Con los ojos cerrados, la voluntad dormida,
    mientras el viento lo impulsaba con sus dedos,
    cantándole una canción de cuna.
Los minutos corrían, dulces, suaves,
    en el columpio del jardín.

Así, Señor, yo marcho por las calles de mi ciudad como
    por el real de una feria, donde los hombres se colum-
    pian al capricho de la vida.
Algunos se abandonan, sonriendo, al placer del momento.
Otros –rostros crispados– maldicen este viento que les sa-
    cude y los empuja a unos contra los otros.

Yo quisiera, Señor, que se levantasen,
    que, valientes, se asiesen con ambas manos a las cuer-
    das que Tú incesante les tiendes,
    que arqueasen sus cuerpos vigorosos, que tensasen sus
    músculos y dieran a su vida el ritmo inalterable que
    escojan.
Pues Tú, Señor, no quieres que tus hijos se dejen vivir.
Sino que vivan.

LA PUERTA

El chaval tropezó en el descansillo y la puerta crujió.
Se había hecho daño.
Al instante, sin poder aceptar que no se abriese,
   se lanzó furioso contra la puerta impasible,
   la golpeó, le dio de puñetazos, berreando y pataleando,
   pero la puerta, con su cara de palo,
   no se dio por enterada de nada.
El chiquillo vio el agujero negro de la cerradura, ojo iró-
   nico de esta puerta cerrada, y se acercó a él;
   era un ojo apagado.
Se desesperó entonces, se echó al suelo, lloró.

Yo lo observaba sonriendo y pensaba, Señor, en tantas veces como yo me derrumbo ante puertas cerradas.
Intento convencer, persuadir, demostrar,
   hablo, esgrimo argumentos,
   golpeo con fuerza para tratar de influir en la imaginación o el sentimiento del otro,
   pero él se cierra en banda
   y, amable o violento, me despide
   y yo doy rienda suelta a mi rabia, porque soy orgulloso.

Concédeme, Señor, ser respetuoso y paciente,
   que sepa amar y rezar en silencio
   sentado en el umbral, a la espera de que el otro
   abra su puerta.

... TODA LA VIDA
SERÍA UNA ORACIÓN

Si supiéramos escuchar a Dios, si supiéramos contemplar la vida, toda la vida se nos convertiría en oración.

Porque toda la vida se desarrolla bajo la mirada de Dios y no deberíamos vivir ni un solo suceso sin ofrecérselo.

Las mismas palabras cotidianas pueden servirnos de lazo de unión con el cielo.

Usemos estas páginas. Y luego, igual que dejamos en el plato las mondas de la naranja después de comerla, prescindamos de las palabras. Las palabras sólo son un trampolín.

Pero la oración silenciosa, que va más allá de las palabras, no puede privarse de la vida. Porque es la vida de cada día el alimento principal de nuestra oración.

ORACIÓN ANTE UN BILLETE

Jamás se tendrá demasiado respeto al dinero, pues representa el trabajo. Y el trabajo supone sudor y sangre.

El dinero es un arma de dos filos. Puede serle muy útil al ser humano, pero también puede destruirle.

* * *

Vuestra riqueza está podrida; vuestros vestidos consumidos por la polilla; vuestro oro y vuestra plata están llenos de moho y el orín será testigo contra vosotros... El jornal de los obreros que han segado vuestros campos, robado por vosotros, está gritando, y los gritos de los segadores han llegado a los oídos del Señor (Sant 5, 2-4).

Vended vuestros bienes y dadlos en limosna; haceos bolsas que no se gastan, un tesoro inagotable en los cielos, donde no hay ladrones ni la polilla roe. Porque donde está vuestro tesoro allí estará vuestro corazón (Lc 12, 33-34).

¿Sabes, Señor, que este billete me da miedo?
Tú entiendes su secreto, Tú conoces su historia:
	¡cómo pesa!

Me impresiona porque es mudo,
	jamás dirá lo que esconden sus pliegues,
	nunca sabremos los esfuerzos y luchas que ha costado.
Él lleva sobre sí los sudores del hombre,
	está sucio de sangre,
	de desencanto,
	de dignidad pisoteada,

se ha enriquecido con todo el peso del trabajo humano
que lleva en sus espaldas y que le da valor,
¡cómo pesa, Señor!
Me asusta, me da miedo
porque tiene muertos sobre la conciencia.
Todos aquellos desgraciados que gastaron su vida a desta-
jo buscándolo,
para hacerlo suyo, poseerlo unas horas,
sacarle unas migajas de placer, de alegría, de vida…

¿Por cuántas manos habrá pasado, Señor?
¿Qué habrá hecho en sus largos viajes silenciosos?

Él ha ofrecido rosas a la novia radiante,
ha pagado el convite del bautizo
y los potitos del sonrosado bebé,
ha puesto el pan en las mesas de las familias,
ha abierto el chorro de la risa de los jóvenes
y de la alegría de los mayores,
pagó al médico que curó la grave enfermedad
y los libros del colegio de los niños
y la ropa de los adolescentes.

Pero también pagó el sello de la carta de ruptura
y la muerte del niño destrozado en el seno de su madre,
distribuyó el alcohol e hizo al borracho,
financió la película pornográfica
y grabó el disco de mal gusto,
sedujo al adolescente y convirtió al adulto en ladrón,
compró por unas horas el cuerpo de una mujer,
pagó el arma del crimen y las tablas del ataúd.

Señor, te ofrezco este billete
en sus misterios de gozo,
en sus misterios de dolor.

Te doy gracias por toda la alegría y felicidad que ha dado,
   te pido perdón por todo el mal que hizo.
Pero sobre todo, Señor, sobre todo
   te ofrezco este billete por el sudor del ser humano,
   por todo el sufrimiento y el trabajo que simboliza,
   y que mañana, en fin, moneda ya intocable,
   tú nos cambiarás por tu Vida eterna.

LA REVISTA PORNOGRÁFICA

El cuerpo es materia, pero es obra de Dios. Y está ennoblecido por el espíritu.

Para el cristiano que guarda en su interior la vida divina, su cuerpo es nada menos que templo del Espíritu Santo y miembro de Cristo. En esto está su dignidad y quien lo rebaja o ensucia insulta al mismo Dios.

* * *

¿No sabéis que sois templo de Dios y que el Espíritu de Dios habita en vosotros? Si alguno profana el templo de Dios, Dios lo destruirá. Porque el templo de Dios es santo y este templo sois vosotros (1 Cor 3, 16-17).

Si alguno me ama... mi Padre y yo vendremos a él y viviremos en él (Jn 14, 23).

Vosotros sois el cuerpo de Cristo y miembros los unos de los otros (1 Cor 12, 27).

Voy a declararos un misterio... todos seremos transformados... Los muertos resucitarán incorruptibles (1 Cor 15, 51-53).

Y la Palabra se hizo carne (Jn 1, 14).

Señor, esta revista me abochorna,
     siento que con ella resulta profundamente herida
     tu infinita pureza.

Entre todos han puesto el dinero para pagarla,
     uno ha ido a comprarla a toda prisa,
     ha dado muchas vueltas hasta que la ha encontrado
     y ya está aquí.

Sobre el papel brillante los cuerpos se ofrecen baratamente prostituidos.
Ahora van a pasar de mano en mano,
de despacho en despacho,
acariciados con la mirada,
suscitando sonrisas,
excitando pasiones,
estimulando sentidos.
Cuerpos-cosas, sin alma,
juguetes para adultos de corazón podrido.

¡Y hay que ver, Señor, lo bello que es un cuerpo humano!
Desde el fondo de los siglos, tú, artista incomparable, proyectabas el modelo, pensando que un día desposarías este cuerpo humano al desposar nuestra naturaleza.
Con mimo tus manos poderosas lo moldearon e infundiste el alma en la materia inerte.

Desde entonces, Señor, nos pediste que respetáramos nuestra carne, pues ella es portadora de espíritu,
y gracias a este cuerpo generoso nosotros podemos hoy enlazar nuestras almas a las de nuestros prójimos.
Las palabras, en largas caravanas de sílabas, comunican nuestra alma con la del vecino,
la sonrisa hace salir a flote nuestra alma al borde de los labios
y la mirada es como el balcón de nuestros cuerpos.
El apretón de manos da nuestra alma al amigo
y el lazo y la unión de los esposos funde dos almas
para sacar a luz una tercera en un tercer cuerpo.

Pero a ti, Señor, aún te pareció poco el hacer de nuestra carne el sacramento del espíritu.
Por tu gracia el cuerpo del cristiano queda consagrado
y se convierte en templo de la Trinidad.

Todo Dios en toda nuestra alma
y toda nuestra alma en todo nuestro cuerpo.
¡Oh dignidad suprema de este cuerpo magnífico:
miembro de su Señor, portador de su Dios!

Mira ahora, Señor, mientras la noche cae,
el cuerpo de tus hombres dormidos:
el cuerpo puro del chiquitín,
el cuerpo manchado de la mujer de la vida,
el vigoroso cuerpo del atleta,
el cuerpo reventado del obrero de la fábrica,
el cuerpo relajado del esposo,
el sensual del mujeriego,
el cuerpo harto del rico,
el maltrecho del pobre,
el golpeado del chico del arroyo,
el cuerpo calenturiento del enfermo,
el dolorido del accidentado,
el cuerpo inmóvil del paralítico.
todos los cuerpos, de todas las edades y tamaños.

He aquí el cuerpo caliente del frágil bebe, despegado como un fruto maduro del cuerpo de la madre,
el cuerpo del chiquillo que se cae y se levanta chupan-
do la roja sangre de su herida.
He aquí el hervidero del cuerpo del adolescente, que apenas percibe la hermosura que está floreciendo en él.
He aquí los cuerpos de los jóvenes recién casados que se
donan el uno al otro,
he aquí el cuerpo del adulto orgulloso de su fuerza,
he aquí el cuerpo del anciano que lentamente se apaga.

Te ofrezco, Señor, todos los cuerpos
y te pido que los bendigas mientras viven callados en-
vueltos en la noche.

Son tuyos, Señor, abandonados ante ti con su alma ador-
mecida.
Mañana, brutalmente sacudidos, deberán reemprender su
servicio.
Haz que «sirvan», Señor, y no se hagan servir,
que sean casas abiertas y no cárceles,
templos vivos de Dios y no sepulcros.
Que sean respetados, que crezcan, y que los que los visten
los purifiquen y los transfiguren
y que, fieles amigos, volvamos a encontrarlos al final
de los tiempos, iluminados por la belleza de las almas.

Ante ti, Señor, y ante tu Madre,
puesto que ella y tú sois de los nuestros,
puesto que todos los cuerpos de los hombres
son, también ellos, bienaventurados
y están invitados a tu eterno cielo.

EL TRACTOR

La máquina es un progreso si, doblando las fuerzas del hombre, se pone a su servicio.

Por desgracia, lo sabemos de sobra, casi siempre es la máquina quien impone su ritmo y su ley. Aumenta los ingresos, pero al precio de esclavizar al hombre.

Hay que luchar para que se cambien los papeles. Y lo mismo que el hombre llega más lejos y aumenta su capacidad por medio de la máquina, tiene que aumentar la capacidad de su alma para tomar sobre sí el trabajo mecánico, dominarlo y ofrecérselo a Dios.

* * *

Todo cuanto hagáis de palabra y obra hacedlo en el nombre del Señor Jesús, dando gracias a Dios Padre por Él (Col 3, 17).

No me gustan los tractores, Señor.
Acabo de ver uno ahí, en el campo
 y me he indignado.

El tractor es orgulloso.
Anonada al hombre con su fuerza,
 avanza sin mirarle siquiera.
Sólo me alegra el pensar que avanza arrastrándose.

Es feo.
Avanza penosamente, sacudiendo su aparatosa carrocería,
 la nariz estúpidamente empinada, ahogándose y tosiendo a compás con su gruesa tos de tísico mecánico.

Pero el tractor es más fuerte que el hombre, Señor.
Imperturbablemente, regular, arrastra su carga
    que mil brazos humanos no podrían ni mover, se carga
    a hombros lo que ni mil manos humanas podrían le-
    vantar.
Es feo el tractor, pero es fuerte y lo necesito.
Mas él también necesita de mí, necesita del hombre;
    lo necesita para existir: el hombre es quien lo fabrica;
    para echarse a andar: el hombre es quien lo pone en
    marcha;
    lo necesita para avanzar: el hombre es quien lo conduce.
Pero sobre todo lo necesita para ser ofrecido y convertir-
    se en oración, pues el tractor no tiene alma, Señor, y es
    el hombre quien le presta la suya.

Te ofrezco, Señor, esta tarde de trabajo de todos los trac-
    tores de la comarca, de todos los del mundo.
Te ofrezco el esfuerzo de todas las máquinas que no tie-
    nen alma para ofrecerse a sí mismas.
Te pido que las máquinas no anonaden al hombre con su
    fuerza orgullosa, sino que le sirvan.
Te pido que el hombre, en pie,
    las domine con toda su alma libre
    y así ellas te alaben con su trabajo y te glorifiquen,
    que tomen parte de esta gran Misa solemne del mundo
    que cada día celebra el trabajo del hombre,
    y seguirá celebrándose hasta el fin de los tiempos.

EL ENTIERRO

Para un cristiano la muerte no existe. Y en todo caso tiene más de punto de partida que de llegada.

La Iglesia canta en el prefacio de difuntos: «La vida no acaba, se transforma», y llama «día del nacimiento» al aniversario de la muerte de los santos. Teresa del Niño Jesús decía en su lecho de muerte: «No estoy muriendo: estoy entrando en la vida».

Nuestros muertos viven. Y, si no han sido condenados para siempre, los podremos reencontrar en Dios.

Quien quiera vivir toda la eternidad con ellos tiene que encontrarse con Cristo, escucharle y comulgar con Él.

* * *

Yo soy la resurrección y la vida (Jn 11, 25).

En verdad, en verdad os digo, el que guarda mi palabra, jamás verá la muerte (Jn 8, 51).

Yo soy el pan vivo…, si alguno come de este pan vivirá para siempre (Jn 6, 51).

Pues si de Cristo se predica que ha resucitado de los muertos, ¿cómo entre vosotros dicen algunos que no hay resurrección de los muertos?… Si Cristo no resucitó, vana es nuestra predicación, vana nuestra fe… Si sólo para esta vida ponemos nuestra esperanza en Cristo, somos los más miserables de todos los hombres (1 Cor 15, 12.14.19).

La multitud seguía el coche fúnebre.

Iba un grupo, de negro, que lloraba; otro grupo, de negro, entristecido; un grupo, de color, medio llorando;

y un cuarto grupo, de color, charlando, gastando bromas, aburriéndose.

A la salida del cementerio
   los primeros lloraban: «Todo acabó»; los segundos, de
negro, sollozaban: «Ánimo, pequeña, valor; ya se acabó»; los terceros comentaban: «Pobrecillo, pero todo
es así, todo termina»; y los últimos, de color, respira-
ban: «¡Uf!, menos mal, por fin se acabó».

Y yo en cambio pensé: «Todo comienza».
El muerto ha terminado su ensayo general,
   pero la representación eterna va a empezar;
   ha puesto fin al aprendizaje,
   pero la realización eterna va a empezar;
   ha concluido su lenta gestación,
   pero la vida eterna está empezando.

Sí, el muerto nacía, acababa de nacer
   a la vida, a la vida que vale,
   a la que va de veras,
   la vida eterna.

¡Como si hubiera muertos!
   No, no hay muertos, Señor,
   sólo hay vivos de aquí y vivos de allá.
La muerte existe, bien lo sé,
   pero dura un instante,
   un momento, un segundo, un salto,
   el salto de lo provisional a lo definitivo,
   de lo temporal a lo eterno.
Como el niño que muere para dejar paso al muchacho,
   como el gusano cuando levanta el vuelo la mariposa,
   como el grano cuando brota la espiga.

Ah, muerte, espantajo, sombra de nuestros miedos infantiles, fantasma inexistente, me das risa.
Y a la vez me enfureces.

Porque tienes al mundo aterrorizado,
    porque espantas y burlas a los hombres,
    mas en verdad sólo existes para la Vida y eres realmen-
    te incapaz de arrebatarnos a los que amamos.
Pero, ay, ¿dónde están los que amé cuando vivían?
    ¿En el éxtasis santo, amando al mismo ritmo que ama
    la Trinidad?
¿O acaso torturados por la noche, ardiendo en el deseo de
    amar eternamente?
¿Están desesperados, condenados a sí mismos porque se
    han preferido a los demás, consumidos por el odio, ya
    que no podrán amar nunca jamás?

Señor, aquí están mis muertos, junto a mí.
Los siento vivir aquí en la sombra;
    no los toco –es verdad– con mis ojos porque han aban-
    donado un momento su envoltura carnal, como se de-
    ja un vestido usado o pasado de moda.
Su alma, privada del disfraz, no me hace ya señales.

Pero en ti, Señor, yo escucho sus llamadas,
    los veo que me invitan, percibo sus consejos.
Sí, ahora los tengo mucho más cercanos.
Antes nuestras carnes se tocaban, pero no nuestras almas.
Y ahora me abrazo a ellas cuando te encuentro a ti,
    los recibo en mi alma cuando a ti te recibo,
    los llevo conmigo cuando a ti te llevo,
    los amo cuando te amo.

Oh, muertos míos, vivos eternos que vivís en mí. Ayudad-
    me a aprender bien a vivir durante esta corta vida.

Señor, te amo y quiero amarte más:
Tú eres quien eterniza los amores,
    y yo quiero amar eternamente.

EL MAR

Las vidas que llaman la atención no siempre son las más eficaces. Jamás será tal la del orgulloso que, incapaz de doblegar los obstáculos, se golpea la cabeza contra ellos.

Las vidas humildes –según el juicio de Dios– por el contrario, resplandecientes de su gracia y radiantes para los demás, son siempre eficaces.

* * *

La caridad es paciente, es benigna; no es envidiosa, no es jactanciosa ni echada para atrás; no es descortés, no es interesada, no se irrita, no piensa mal; no se alegra de la injusticia, se complace en la verdad; todo lo excusa, todo lo cree, todo lo espera, todo lo tolera (1 Cor 13, 4-7).

He contemplado, Señor, el mar sombrío y furioso embistiendo las rocas.
Las olas desde lejos tomaban carrera,
se levantaban orgullosas, brincaban,
se atropellaban unas a otras para pasar delante
y golpear las primeras.
Y cuando la espuma blanca se alejaba del inmóvil peñasco, ellas se lanzaban otra vez al galope para continuar golpeando.

Otros días he visto el mar calmo y sereno.
Las olas venían de lejos, vientre plano, calladas, para no llamar la atención,
dándose sabiamente la mano, deslizándose silenciosas,

y se recostaban a todo lo largo de la arena para alcanzar la orilla con la punta de sus hermosos dedos de espuma.

El sol las acariciaba suavemente y, agradecidas, al reflejar sus rayos, repartían su claridad.

* * *

Señor, concédeme el evitar los golpes desordenados que cansan y hieren al enemigo sin abrir su corteza,
aleja de mí estas cóleras voceantes que agotan,
no permitas que me pase la vida queriendo adelantar a los otros, pisoteando a cuantos van delante de mí,
borra de mi rostro el semblante sombrío de las borrascas vencedoras.

En cambio, Señor, haz que pausadamente vaya yo llenando mis días como el mar cubre en calma toda la playa,
hazme humilde como las aguas cuando, silenciosas y dulces, avanzan sin hacerse notar,
concédeme el saber esperar a mis hermanos y el ajustar mi paso al suyo para ascender con ellos.
Dame la perseverancia triunfante de las olas,
haz que con cada uno de mis retrocesos
pueda avanzar un paso adelante,
da a mi rostro la claridad de las aguas limpias,
a mi alma la blancura de la espuma,
ilumina mi vida como los rayos de tu sol hacen cantar la superficie de las aguas.

Pero sobre todo, Señor, haz que yo no guarde para mí esta Luz y que todos los que se me acerquen regresen a sus casas deseosos de bañarse en tu Gracia eternamente.

LA MIRADA

El poder de la mirada radica en que el alma viaja en los ojos. Y cuando el alma está habitada por Dios la mirada del hombre puede dar Dios a los demás.

* * *

Cuando Jesús salió al camino, corrió un hombre hacia Él y, arrodillándose, le preguntó: «Maestro bueno, ¿qué he de hacer para alcanzar la vida eterna?». «Ya sabes los mandamientos –le respondió Jesús–: no matarás...». Él le dijo: «Maestro, todo esto lo he guardado desde mi juventud». Jesús puso en él los ojos amorosamente y le dijo: «Una sola cosa te falta: vende cuanto tienes..., luego ven y sígueme» (Mc 10, 17.21).

Una sirvienta encontró a Pedro sentado a la lumbre y, fijándose en él, dijo: «Éste estaba también con Jesús». Él lo negó diciendo: «No lo conozco, mujer». Estaba aún hablando cuando cantó el gallo. Vuelto el Señor miró a Pedro, y Pedro se acordó de la palabra del Señor... Y, saliendo afuera, lloró amargamente (Lc 22, 56-57.60-62).

Cuando Jesús se fue acercando, al ver la ciudad lloró sobre ella diciendo: «¡Si en este día comprendieras tú también los caminos de la paz!» (Lc 19, 41-42).

Andrés condujo a su hermano Simón hasta Jesús, el cual, fijando en él la mirada, dijo: «Tú eres Simón, hijo de Juan; tú serás llamado Cefas» (Jn 1, 24).

«La lámpara del cuerpo es el ojo. Si, pues, tu ojo está sano, todo tu cuerpo estará luminoso. Pero si tu ojo está enfermo, todo tu cuerpo estará en tinieblas» (Mt 6, 22).

Ahora, Señor, voy a cerrar mis párpados:
    hoy ya han cumplido su oficio.
Mi mirada ya regresa a mi alma
    tras haberse paseado durante todo el día
    por el jardín de los hombres.

Gracias, Señor, por mis ojos, ventanales abiertos sobre el
    mundo;
    gracias por la mirada que lleva mi alma a hombros,
    como los buenos rayos de tu sol conducen el calor y la
    luz.
Te pido, en la noche, que mañana, cuando abra mis ojos al
    claro amanecer, sigan dispuestos a servir a mi alma y a
    mi Dios.

Haz que mis ojos sean claros, Señor.
Y que mi mirada, siempre recta, siembre afán de pureza.
Haz que no sea nunca una mirada decepcionada
                        desilusionada
                        desesperada,
    sino que sepa admirar
            extasiarse
            contemplar.

Da a mis ojos el saber cerrarse para hallarte mejor,
    pero que jamás se aparten del mundo
    vencidos por el miedo.
Concede a mi mirada el ser lo bastante profunda
    como para conocer tu presencia en el mundo
    y haz que jamás mis ojos se cierren
    ante el llanto del hombre.

Que mi mirada, Señor, sea clara y firme,
    pero que sepa enternecerse
    y que mis ojos sean capaces de llorar.

Que mi mirada no ensucie a quien toque,
   que no intimide, sino que sosiegue,
   que no entristezca, sino que transmita alegría,
   que no seduzca para apresar a nadie,
   sino que invite y anime a mejorar.

Haz que moleste al pecador al reconocer en ella tu res-
   plandor, pero que sólo reproche para alentar.
Haz que mi mirada conmueva a las almas por ser un encuentro, un encuentro con Dios.
Que sea una llamada
   un toque de clarín
   que movilice a todos los parados en las puertas,
   y no porque paso yo, Señor,
   sino porque pasas tú.

Para que mi mirada sea todo esto, Señor,
   una vez más en esta noche
   yo te doy mi alma
   y mi cuerpo
   y mis ojos.
Para que cuando mire a mis hermanos los hombres
   seas tú quien los mira
   y, desde dentro de mí, tú los saludes.

AMAR
ORACIÓN DEL ADOLESCENTE

La adolescencia no es «la edad del pavo». Es esa edad estupenda en la que Dios, fiel a las leyes de su naturaleza, hace brotar en el cuerpo y en el corazón del joven una profunda inclinación hacia otro ser, hacia otro corazón.

Feliz el que tiene quien sepa decírselo; padres que le amen lo suficiente para no retenerlo egoístamente para ellos solitos, y lo bastante para encaminar su mirada hacia la ruta nueva y clara en que un día encontrará a ese ser que le espera.

Feliz el que tenga un amigo, un hermano que le ayude a salir de sí mismo para darse a los demás.

Feliz, porque gracias a ellos no se convertirá en esclavo de sí mismo, incapaz de amar.

* * *

Sabemos que hemos sido trasladados de la muerte a la vida, porque amamos a los hermanos. Quien no ama permanece en la muerte... En esto hemos conocido el amor: en que Él dio su vida por nosotros; y nosotros debemos dar nuestra vida por nuestros hermanos (Jn 3, 14.16).

Queridos míos, amémonos los unos a los otros, porque el amor procede de Dios... Quien no ama no conoce a Dios, porque Dios es amor (1 Jn 4, 7-8).

Quisiera amar, Señor,
　　necesito amar,
　　todo mi ser no es ya más que un deseo:
　　mi corazón,
　　mi cuerpo

se alargan en la noche hacia un desconocido
a quien ya amo
y braceo en el aire sin encontrar
el alma que abrazar.

Estoy solo y quisiera «ser dos»,
    hablo y no hay nadie que escuche;
    vivo y vivo, pero nadie saca jugo a mi vida.
¿Para qué ser tan rico si no enriquezco a nadie?
¿Y de dónde viene este amor?
¿Adónde va?

Quisiera amar, Señor,
    necesito amar.
He aquí, Señor, en esta noche, todo mi amor estéril.

* * *

Escucha, pequeño.
Párate un momento
    y haz silenciosamente un largo viaje
    hasta lo más profundo de tu corazón.
Avanza a lo largo de tu amor recién hecho,
    como a contracorriente del río
    hasta encontrar su fuente.
Y, al principio y al fondo del infinito misterio de tu amor
    inquieto, me encontrarás a mí.
Pues yo me llamo Amor
    y soy Amor, ya desde siempre,
    y el Amor está en ti.

Soy yo quien te hizo para amar,
    para amar eternamente:
    y tu amor pasará a «otra-tú-mismo».
Es a ella a quien buscas
    ella está en tu camino

en tu camino desde siempre
sobre el camino de mi amor.
Ahora es preciso esperar su llegada:
   ella se acerca,
   tú te acercas,
   y os reconocéis.
Pues yo hice su cuerpo para ti y el tuyo para ella,
   yo hice tu corazón para ella y el suyo para el tuyo,
   y por eso os buscáis en la noche,
   en mi *noche, que se hará luz si confiáis en mí.*

Resérvate para ella, amigo mío,
   como ella se reserva para ti.
Yo os guardaré al uno para el otro.

Y, mientras, como tú tienes hambre de amor,
   he ido poniendo en tu camino a todos tus hermanos
   para que vayas amando.
Créeme, el amor necesita un largo entrenamiento
   y no hay diversas clases de amor, sino una sola:
Amar es olvidarse de sí mismo para ir hacia los demás.

* * *

Señor, ayúdame a olvidarme de mí
   por mis hermanos los hombres,
   para que, siempre dándome, aprenda a amar.

MARCELO ESTABA SOLO

Amar no es cosa fácil. ¿No vendrán, pues, de un lamentable equívoco tantos fracasos amorosos? ¿No será que esos amores eran tan sólo ese «choque de dos egoísmos» de que habla Van der Meersch en *Cuerpos y almas*? ¿Habrían logrado en ellos superar los amantes sus propios límites?

El amor auténtico da la felicidad, sí, pero sólo se compra con sufrimientos.

* * *

«Y ya no son dos, sino uno solo. Lo que Dios ha unido, que no lo separe el hombre» (Mc 10, 8-9).

Los maridos deben amar a sus mujeres como a su propio cuerpo. El que ama a su mujer se ama a sí mismo, y nadie aborrece jamás a su propia carne, sino que la alimenta y la abriga como Cristo a la Iglesia, porque somos miembros de su Cuerpo. Por esto dejará el hombre a su padre y a su madre y se unirá a su mujer, y serán dos en una sola carne. Gran misterio éste, que yo relaciono con la unión de Cristo y la Iglesia. Así, pues, ame cada uno a su mujer, y ámela como a sí mismo, y la mujer respete a su marido (Ef 5, 28-33).

Eran casi las doce cuando llamé a su puerta.
Marcelo estaba solo, todavía en la cama,
    que ahora le sobraba por todas partes:
    su mujer le ha dejado hace unos días.

Me dolió –¿sabes, Señor?– aquel hombre desalentado,
    aquella casa medio vacía.

75

Alguien faltaba. Un amor faltaba.

Inútil buscar el ramillete de flores sobre la consola, la pol-
vera y la barra de labios sobre el cristal del tocador, el
tapete sobre la cómoda y las sillas cuidadosamente co-
locadas.

Lo que allí veías eran unas sábanas sucias sobre un lecho
arrugado como el rostro de una vieja,
unos ceniceros desbordantes de colillas,
los zapatos tirados por el suelo,
cajas y papeles por todos los rincones,
un estropajo sobre el sillón,
las persianas caídas.

Todo triste y sombrío y maloliente.

Me hizo daño, Señor,
algo había allí desgarrado,
algo había perdido su equilibrio
como un juguete roto,
como un hombre con los miembros tronchados.

Ah, Señor, y qué bien comprendí entonces
lo bien que estaban las cosas como tú las hiciste,
y que no puede haber ni orden, ni hermosura, ni amor,
ni alegría, fuera de tus planes de Amor.

* * *

Ahora te pido, Señor,
por Marcelo y... por ella
y... por el otro
y por la mujer del otro
y por las dos familias
y por los vecinos que comentan
y por los compañeros que juzgan.

Te pido perdón
por todas estas roturas
por todas estas heridas

y por tu sangre derramada en estas llagas de tu Cuerpo
místico.
Te pido, Señor, para mí y para todos mis amigos,
y para que nos enseñes a amar.

* * *

Amar... eso no es cosa fácil, amigo mío.
A menudo los hombres os creéis que amáis, cuando no
hacéis más que amaros a vosotros mismos, estropeán-
dolo todo, echándolo todo por la borda.

Amar es encontrarse con otro, y hace falta salir de uno
mismo para ofrecerse al otro.
Amar es comulgar, y para comulgar
hace falta olvidarse de sí en las manos del otro,
hace falta morir plenamente en favor de otro.
Amar, hijo mío, es cosa que duele, ¿sabes?,
pues después del pecado, óyelo bien,
amar es crucificarse por otro.

EL DELINCUENTE

El hombre está solo porque es único, pero ha sido llamado a la comunión. Es el pecado lo que nos divide y aísla.

Tendremos, pues, que unirnos apretadamente unos a otros y cargar ante todo, redimiéndoles, con los pecados de unos y otros, para superar así los obstáculos que se oponen a nuestra unión universal.

La soledad hace sufrir y no entraba en el plan del Padre. Sólo el Amor redentor puede vencerla y sellar la unidad.

* * *

Bajaba un hombre de Jerusalén a Jericó y cayó en poder de ladrones que lo desnudaron, lo golpearon y se fueron, dejándolo medio muerto. Por casualidad, bajó un sacerdote por el mismo camino, y viéndole, pasó de largo. Asimismo, un levita, pasando por aquel sitio, lo vio también y siguió adelante. Pero un samaritano que iba de camino, llegó a él y viéndole, se compadeció de él, se acercó, le vendó las heridas, derramando en ellas aceite y vino; le hizo montar sobre su propia cabalgadura, lo condujo al mesón y cuidó de él. Al día siguiente, sacando dos denarios, se los dio al mesonero y dijo: «Cuida de él y lo que gastes de más te lo pagaré a la vuelta» (Lc. 10, 30-35).

Conozco su secreto,
su pesado y terrible secreto.
¿Es posible que este niño grande, con rostro de chiquillo
envejecido, pueda cargar con él?
Ah, me hubiera gustado que él me contara todo, que com-
partiera su carga conmigo.

Hace ya largos meses que yo tiendo mi mano a este
hermano pequeño atropellado;
ávidamente la agarra, la acaricia, la besa... pero siempre
  por encima del abismo que nos separa.
Cuando intento suavemente atraerlo se echa atrás,
porque lleva en su mano un secreto demasiado pesado
  para poder cedérmelo.
Y me duele, Señor,
yo lo miro de lejos y no puedo acercarme a él,
él me mira y no puede acercarse a mí.

Y yo sufro,
y él (sobre todo él) sufre,
y no sé arreglarlo, pues mi amor es demasiado pequeño,
  Señor, y, cada vez que desde mi orilla, tiendo un puente para llegar a su soledad, el puente se queda ahí, colgado, en el medio, sin llegar a su orilla.
Y a él lo veo al borde de su dolor dudando, tomando ca-
  rrerilla, hinchando el pecho para el salto...
Y luego se echa atrás, desesperado, pues la distancia es
  mayor que sus fuerzas, y el fardo demasiado pesado.

Ayer, Señor, él se inclinó hacia mí, dijo la primera palabra... después dio marcha atrás; todo su cuerpo tembló
  bajo el peso del secreto que se acercaba, pero rodó de
  nuevo hacia el fondo de su soledad.
No lloró, pero tuve que enjugar las grandes gotas de sudor
  que llenaron su frente.
Yo no puedo quitarle su fardo, ha de dármelo él;
  lo veo allí, al alcance de la mano, y no puedo agarrarlo
  porque Tú no lo quieres si él no lo quiere
  y yo no debo violar su dolor.
Hoy, Señor, pienso en todos los que están solos, terrible-
  mente solos, los que nunca se prestaron a ser llevados
  por otro porque nunca se dieron a ti, Señor.

Los que saben algo que nadie conocerá; los que sufren una
llaga que nadie podrá sanar; los que sangran de una herida que nadie restañará; los que han sido sellados con
una marca terrible que nadie sospechará; los que han
acumulado cosechas de humillaciones, de desesperaciones, de odios en el torturante silencio del corazón;
los que han escondido un pecado de muerte y hoy son
tumbas frías de preciosa fachada.
Me da miedo, Señor, la soledad del hombre.
Todo hombre está sólo porque es único
y esta soledad es sagrada;
sólo uno mismo puede romperla,
«decirse» a otro y recibir a otro.
Sólo uno mismo puede pasar de la soledad a la comunión.
Y Tú quieres esta comunión, Señor.
Tú quieres que estemos unidos los unos a los otros pese a
las profundas fosas que hemos excavado entre nosotros
con el pecado.
Tú quieres que seamos una sola cosa, como tú y tu Padre
lo sois.

Señor, este muchacho de hoy me duele, como todos los
solitarios, sus hermanos.
Concédeme amarlos lo bastante para romper su soledad;
que marche por el mundo con mis puertas abiertas
y mi casa totalmente vacía, disponible, acogedora.
Ayúdame a alejarme de mí mismo para no espantar a nadie, para que los demás puedan entrar en mí sin pedir-
me permiso, para que puedan descargar aquí sus far-
dos sin que nadie los vea.
Yo volveré en la noche silenciosa a buscarlos y tú, Señor,
darás fuerza a mi espalda para cargar con su aflicción.

GRACIAS

Hay que saber decir gracias. Nuestros días están repletos de regalos que Dios nos envía.

Si supiéramos verlos y llevar cuenta de todos, llegaríamos a la noche deslumbrados y radiantes ante tantos dones recibidos. Como niños en día de Reyes.

Y miraríamos agradecidos a Dios. Y fiados en que él nos lo da todo, seríamos felices al saber que cada día nos ofrecerá regalos nuevos y distintos.

Todo es don de Dios. Aun las cosas más insignificantes.

Y don suyo es esta colección de regalos que es la vida. Vida que será luminosa o sombría según utilicemos esos dones.

* * *

Todo buen don y toda dádiva perfecta viene de arriba, desciende del Padre de las luces, en el cual no hay cambios ni periodos de sombra (Sant 1, 17).

Gracias, Señor, gracias.
Gracias por todos los regalos que hoy me has ofrecido,
    gracias por todo lo que he visto, oído y recibido.
Gracias por el agua que me ha despabilado, el jabón per-
    fumado, el dentífrico que refresca la boca.
Gracias por los vestidos que me protegen del frío,
    por su color y por su hechura.
Gracias por el periódico fiel a la cita, por el chiste (prime-
    ra sonrisa de la mañana), por los asuntos políticos que
    se van arreglando, por la justicia cumplida, por el par-
    tido de fútbol ganado.

Gracias por el camión de la basura y los hombres que la recogen, por los gritos mañaneros y los ruidos de la calle que se va despertando.

Gracias por mi trabajo, por mis herramientas, por mis esfuerzos.

Gracias por el metal en mis manos, por sus largas quejas bajo los mordiscos del acero, por la mirada satisfecha del jefe y la carretilla de piezas acabadas.

Gracias por Santiago, que me prestó su lima; por Manolo, que me ofreció un cigarrillo; y por Carlos, que me abrió la puerta.

Gracias por la calle acogedora que me fue acompañando, por los escaparates de las tiendas, por los coches, por los peatones, por toda la vida que discurría apresurada entre los edificios llenos de ventanas.

Gracias por la comida que ha repuesto mis fuerzas, por el vaso de cerveza que apagó mi sed.

Gracias por la moto que ágilmente me ha llevado de un lugar a otro, por la gasolina que la hizo correr, por el viento que me acarició el rostro y por los árboles que me fueron saludando al pasar.

Gracias por el niño que vi jugar en la acera de enfrente, gracias por sus patines y por la divertida cara de susto que puso al caerse.

Gracias por los buenos días que la gente me ha deseado, por los apretones de mano que di, por las sonrisas que me han brindado.

Gracias por mamá, que me recibe en casa, por su cariño discreto, por su silenciosa presencia.

Gracias por el techo que me cobija, por la luz que me alumbra, por la radio que canta.

Gracias por el informativo del mediodía, por las crónicas deportivas, por las series de humor.

Gracias por el ramillete de flores, pequeña obra de arte encima de mi mesa.

Gracias por la noche apacible,
gracias por las estrellas,
gracias por el silencio.

Gracias por el tiempo que me diste,
gracias por la vida,
gracias por la Gracia.

Gracias por estar conmigo, Señor.

Gracias por recibir en tus manos este paquete de mis dones para ofrecerlo al Padre.

Gracias, Señor.

Gracias.

EL SACERDOTE
ORACIÓN DEL DOMINGO POR LA TARDE

Los cristianos son muy exigentes con sus sacerdotes. Y hacen bien. Pero no imaginan lo duro que es ser sacerdote...

Quien dio su paso al frente con toda la generosidad de sus veinticuatro años sigue siendo un hombre. Y no hay día en que ese hombre que continúa vivo dentro de él no intente recuperar lo que un día entregó a los demás. Es una lucha sin fin por permanecer totalmente disponible para Cristo y el prójimo.

El sacerdote no necesita cumplidos o regalos aparatosos. Le basta con que los cristianos a cuyo cuidado se dedica le muestren, amando cada día más al prójimo, que su tarea no es en vano.

Y porque sigue siendo hombre, tiene también necesidad, alguna vez, de un detalle de amistad desinteresada. Por ejemplo, esas tardes de domingo en que se encuentra solo...

* * *

Seguidme y os haré pescadores de hombres (Mc 1, 17).

No me habéis elegido vosotros a mí, sino que yo os elegí a vosotros, y os he destinado para que vayáis y deis fruto, y que vuestro fruto permanezca (Jn 15, 16).

Olvidando lo que he dejado atrás, corro hacia la meta, hacia el premio al que Dios me llama desde lo alto por medio de Cristo Jesús (Flp 3, 13-14).

Esta tarde, Señor, estoy solo.
Poco a poco los ruidos en la iglesia se han apagado,
    los fieles se han ido
    y yo he vuelto a casa,
    solo.

Me crucé con una pareja que volvía de su paseo,
    pasé ante el cine que vomitaba su ración de gente,
    bordeé las terrazas de los cafés, donde los paseantes
    cansados intentaban estirar la felicidad del domingo,
    me tropecé con los pequeños que jugaban en la acera,
    los niños, Señor,
    los niños de los otros, que jamás serán míos.

Y heme aquí, Señor,
    solo.

El silencio es amargo,
    la soledad me aplasta…

* * *

Señor, tengo treinta y cinco años,
    un cuerpo hecho como los demás cuerpos,
    unos brazos jóvenes para el trabajo,
    un corazón destinado al amor.
Pero yo te lo he dado todo
    porque, ciertamente, te hacía falta.
Te lo he dado todo, Señor,
    pero no es fácil.
Es duro dar su cuerpo que querría entregarse a los otros.
Es duro amar a todos sin reservarse para nadie,
    es duro estrechar una mano sin querer retenerla,
    es duro hacer nacer un cariño tan sólo para dártelo,
    es duro no ser nada para sí por serlo todo para ellos,
    es duro ser como los otros, estar entre los otros
    y ser *otro*,
    es duro dar siempre sin esperar la paga,
    es duro ir delante de los demás
    sin que nadie vaya jamás delante de uno,
    es duro sufrir los pecados ajenos
    sin poder rehusar el recibirlos y llevarlos a cuestas.

Es duro recibir secretos sin poder compartirlos,
   es duro arrastrar a los demás y no poder jamás,
   ni por un instante, dejarse arrastrar un poco,
   es duro sostener a los débiles
   sin poder apoyarse uno mismo sobre otro,
   es duro estar solo, solo ante todos, solo ante el mundo,
   solo ante el sufrimiento,
         la muerte,
         y el pecado.

                        * * *

Hijo mío, no estás solo:
Yo estoy contigo.
Yo soy tú,
   pues yo necesitaba una humanidad de recambio
   para continuar mi Encarnación y mi Redención.
Desde la eternidad te elegí:
   te necesito.

Necesito tus manos para seguir bendiciendo,
   necesito tus labios para seguir hablando,
   necesito tu cuerpo para seguir sufriendo,
   necesito tu corazón para seguir amando,
   te necesito para seguir salvando:
   continúa conmigo, hijo.

                        * * *

Heme aquí, Señor.
   He aquí mi cuerpo,
   he aquí mi corazón,
   he aquí mi alma.
Concédeme ser lo bastante grande para abarcar el mundo,
   lo bastante fuerte para poder llevarlo a hombros,
   lo bastante duro para poder abrazarlo
   sin intentar guardármelo.

Concédeme ser tierra de encuentro,
    pero sólo tierra de paso,
    camino que no conduzca a sí mismo, sin adornos hu-
    manos, sino que lleve a ti.

Señor, en esta tarde, mientras todo se calla y mi corazón
    siente la amarga mordedura de la soledad,
    mientras mi cuerpo aúlla largamente su hambre oscura,
    mientras los hombres me devoran el alma y me siento
    impotente para hartarlos,
    mientras sobre mis espaldas descansa el mundo entero,
    con toda su carga de miseria y pecado,
    yo te vuelvo a decir mi *sí*
    no con una explosión de entusiasmo,
    sino lenta, lúcida, humildemente,
    solo, Señor, ante ti
    en la paz de la tarde.

LA PALABRA

La palabra es un don de Dios. Y pedirán cuentas de ella.
Por la palabra entran en diálogo nuestras almas.
Por la palabra nos «revelamos».
No tenemos derecho a callarnos, pero hablar es algo serio.
Debemos pesar nuestras palabras en las balanzas de Dios.

* * *

Os digo que los hombres habrán de dar cuenta el día del juicio de toda palabra inútil que hayan dicho. Pues por tus palabras serás declarado justo o serás condenado (Mt 12, 36-37).

No todo el que dice: «Señor, Señor», entrará en el Reino de los cielos, sino el que hace la voluntad de mi Padre que está en los cielos. Muchos me dirán en aquel día: «Señor, Señor, ¿no profetizamos en tu nombre, y en tu nombre arrojamos demonios, y en tu nombre hicimos muchos milagros?». Yo entonces les diré: «No os conozco; apartaos de mí, malvados» (Mt 7, 21-23).

Yo tomé la palabra, Señor, y ahora me da rabia.
Me da rabia porque me he alterado,
        he malgastado palabras y gestos.
Me he vaciado completamente en mis frases
        y ahora temo que lo esencial no haya sido entregado,
        pues lo esencial no está en mi mano, Señor,
        y las palabras son demasiado estrechas para contenerlo.
Tomé la palabra, Señor, y estoy inquieto.
Sí, me da miedo hablar, es peligroso.
Es peligroso distraer a los demás, sacarlos de sus almas,
        sujetarlos a mi puerta,

es peligroso hacerles esperar largo tiempo con las manos tendidas,
el corazón abierto, pidiendo la limosna de una luz
o unos céntimos de coraje para seguir viviendo…
¡Mira que si los mando con las manos vacías!

Y, con todo, he de hablar.
Tú me diste la palabra durante unos pocos años
y es preciso que me sirva de ella.
Debo mi alma a los otros y las palabras esperan al borde
de los labios para conducirla hasta el prójimo en largas
y apretadas caravanas.
Pues el alma no sabría «decirse»
si la palabra le fuese robada.

Nada se sabe del pequeño bebé encerrado en su carne,
y la familia entera estalla de gozo cuando, palabra a palabra, frase a frase, su alma va surgiendo ante nosotros.
Y también la familia, aterrada, vigila la cabecera del moribundo, escuchando religiosamente las últimas palabras que pronuncia.
Luego él se va, encerrándose en el silencio, y nadie sabrá
ya nunca nada de su alma cuando piadosamente los familiares cierren sus ojos y sus labios.
La palabra, Señor, es una gracia y no tengo derecho a callarme por orgullo, por miedo, por comodidad, por vagancia.
Los demás tienen derecho a mi palabra: a mi alma.
Pues tengo un mensaje que transmitirles de tu parte y nadie más que yo, Señor, sabría decírselo.
Yo tengo unas palabras que decir, pocas tal vez, pero llenas de vida.

Y no puedo negarme.
Mas las palabras que yo lance han de ser verdaderas.

Sería un abuso de confianza atraer la atención de los demás con palabras vacías que no entregasen la verdad de mi alma.

Las palabras que yo siembre han de ser palabras vivas, ricas de lo que mi alma, la mía, ha logrado arrancar al misterio del mundo y al misterio del hombre.

Las palabras que yo engendre han de ser portadoras de Dios, pues los labios que tú me diste, Señor, están hechos para decir mi alma, y mi alma te reconoce y te tiene abrazado.

* * *

Perdóname, Señor, por haber hablado tan mal,
    perdóname por haber hablado tantas veces
    para no decir nada,
    perdóname por las veces que prostituí mis labios
    pronunciando palabras vacías,
    palabras falsas,
    palabras cobardes,
    palabras en las que tú no has encontrado sitio.

Sostenme cuando tenga que hablar en alguna reunión,
    intervenir en una discusión,
    o simplemente hablar con un hermano.

Haz sobre todo, Señor, que mi palabra sea una semilla
    y que cuantos la recojan puedan esperar
    una buena cosecha.

ESTE ROSTRO, SEÑOR,
ME DESCONCIERTA

Si no luchamos con todas nuestras fuerzas contra el desorden del mundo, allí donde el Padre nos haya colocado, no podemos llamarnos cristianos, pues no amamos a Dios. Dice san Juan: «El que no ama a su hermano a quien ve, no es posible que ame a Dios a quien no ve» (1 Jn 4, 20); y también: «Hijitos, no amemos de palabra y de boca, sino de obra y de verdad» (1 Jn 3, 18).

Para devolver la paz a la conciencia no basta con lavar y maquillar el rostro del que sufre. Además es necesario identificar y combatir los desórdenes sociales y morales que lo han originado.

Los pobres serán nuestros jueces.

* * *

Entonces los condenados responderán: «Señor, ¿cuándo te vimos hambriento, o sediento, o peregrino, o enfermo, o en prisión y no te socorrimos?». Y el rey les contestará: «En verdad os digo que cuando dejasteis de hacer esto con uno de estos pequeñuelos, lo dejasteis de hacer conmigo» (Mt 25, 44-45).

Este rostro, Señor, no deja de desconcertarme.
Es un reproche vivo, un largo grito que golpea mi paz.
Es un rostro joven, Señor, y todos los pecados del mundo
    se han ensañado en él,
    que estaba indefenso, expuesto a los ultrajes.
Vinieron de todas partes.
Vino la miseria, la barraca,
    la cama con bultos y hoyos,
    el aire apestado, el humo,

el alcohol, el hambre,
el hospital, el sanatorio.

El trabajo aplastante,
el trabajo humillante,
el paro, la crisis, la guerra.

Y bailes embriagantes,
canciones de mal gusto,
películas horribles,
música lánguida,
besos mentirosos y sucios.

La lucha por la vida,
la revuelta, el alboroto,
los gritos, los golpes, el odio.

Sí, han llegado de todas partes, horribles egoísmos de hombres de mil rostros horrendos
con sus gordos dedos sucios, sus uñas rotas,
sus alientos apestosos.

Han acudido de todos los rincones del mundo,
de todos los extremos de los siglos,
de todas partes, de siempre.

Y largamente, uno tras otro,
o bruscamente en manada como toros,
han golpeado
azotado
estrujado
mordido
moldeado
martillado
grabado
esculpido.

Y he aquí al fin este Rostro, este pobre rostro.
Han tardado dieciocho años para podérmelo enseñar,
    han empleado cientos de siglos para producirlo.
    Ecce homo: He aquí al hombre.

He aquí este pobre rostro del hombre como un libro abierto:
    el libro de la miseria y del pecado de los hombres,
    el libro del egoísmo
            del orgullo
            de la cobardía;
    el libro de las avaricias
            de las sensualidades
            de los despidos
            de las trampas.
He aquí este pobre rostro
    como una queja dolorosa,
    como un grito de rabia,
    pero también como una llamada desgarradora;
    pues en el fondo de este rostro ridículo, gesticulante,
    en el fondo de estos ojos desorbitados,
    como las dos manos tendidas del ahogado,
    blancas bajo el agua sombría del muelle,
    un destello,
    una llama,
    una trágica súplica:
    el infinito deseo de un alma que quisiera vivir
    más allá de su cieno.

Este rostro, Señor, no deja de desconcertarme,
    me da miedo, me condena,
    porque yo he trabajado como todos para que fuera así
    o al menos he dejado que lo hicieran así,
    y ahora pienso que este rostro
    es el rostro de un hermano, mío y tuyo.
Oh, Dios, ¡qué hemos hecho a este miembro de tu familia!

Y ahora temo tu juicio, Señor.

Me parece que al fin de los tiempos tú harás desfilar ante
mí todos los rostros de los hombres mis hermanos, y
especialmente los de la gente de mi ciudad, los de mi
barrio, los de mi puesto de trabajo.

Y a tu *luz* inexorable yo leeré estos rostros:
la arruga que yo he abierto,
la boca que yo torcí,
la mueca que esculpí,
la mirada que manché,
la que extinguí.

Inexorables, todos vendrán desfilando ante mí, maniquíes
vengadores de la miseria y del pecado.

Vendrán los conocidos y los desconocidos,
los de mi tiempo, los de siglos pasados
y todos cuantos vendrán a este mundo,
y yo estaré allí, inmóvil, aterrado, en silencio.

Será entonces cuando Tú, me dirás:
Aquel rostro era el mío.

* * *

Perdón, Señor,
por este rostro que hoy me ha condenado.

Gracias, Señor,
por este rostro que hoy me ha despertado.

EL HAMBRE

Todos somos hermanos. La sangre de Cristo nos ha hecho hijos de un mismo Padre. Y cuando en una familia un miembro sufre o muere, están apenados los demás.

Hoy sabemos que se cuentan por miles las personas que en el mundo mueren de hambre todos los años.

No podemos seguir como hasta ahora. Aun cuando nuestros recursos económicos nos lo permitan, es pecado vivir a un nivel de vida superior a lo decorosamente necesario, al igual que –repitámoslo– es pecado vivir sin luchar con todas nuestras energías y desde nuestro sitio por un mundo más justo.

* * *

Había un hombre rico que vestía de púrpura y lino y celebraba cada día espléndidos banquetes. Un pobre, de nombre Lázaro, estaba echado en su portal, cubierto de llagas, y deseaba hartarse de lo que caía de la mesa del rico; hasta los perros venían a lamerle las heridas (Lc 16, 19.21).

Y dijo Jesús a sus discípulos: «Hacedlos recostarse…». Y tomando los cinco panes y los dos peces, alzó los ojos al cielo, los bendijo y se los dio a los discípulos para que los sirviesen a la muchedumbre. Comieron y se saciaron todos (Lc 9, 14-17).

He comido,
he comido demasiado,
he comido por actuar como hacían los demás.
Yo era un invitado más en el banquete del mundo,
¿quién me hubiera aceptado si no hubiera actuado como los demás?

Mas cada plato, cada bocado, cada sorbo
se me atragantaban.
He comido demasiado, Señor,
mientras a la misma hora, en mi ciudad, más de mil
personas hacían cola en los servicios sociales,
mientras una mujer comía en su buhardilla lo que había apañado en la basura,
mientras los niños en sus barracas compartían las sobras frías de la comida de ayer de los viejos del asilo,
mientras diez, cien, mil desgraciados en ese mismo
instante, en el mundo, se retorcían de dolor, morían de
hambre ante la desesperación de los suyos.

Todo esto, Señor, es atroz porque lo sé,
los hombres de hoy lo saben, saben que no son solamente unos pocos infelices los que pasan hambre, sino
cientos y cientos a las puertas mismas de su casa,
saben que no son solamente unos cientos de infelices,
sino miles y miles en su mismo país,
saben que no son solamente unos miles, sino que son
millones los que tienen hambre en todo el mundo.
Hoy ya hemos dibujado los mapas del hambre; las zonas
de la muerte están en ellos señaladas y se imponen terribles; las cifras gritan su verdad implacable: un tercio
de la humanidad está infraalimentado; varios millones
mueren de hambre en el Tercer mundo durante un año
de escasez; la media de vida no supera allí los 26 años.
Señor, tú ves este mapa, tú lees estas cifras
no como el estadista tranquilo en su despacho
sino como un padre de familia numerosa
inclinado sobre la frente de cada uno de sus hijos.
Señor, tú ves este mapa,
tú lees estas cifras desde siempre.
Tú las veías, las leías cuando me explicabas la parábola del
rico sentado a la mesa y del pobre Lázaro hambriento.

Tú las veías, las leías cuando me decías en el día del juicio: «Tuve hambre y...».

Señor, ¡eres terrible!
Eres tú quien está en la cola de los servicios sociales,
   eres tú quien come las sobras de las basuras,
   eres tú quien agoniza torturado por el hambre,
   eres tú quien muere solo en un rincón a los 26 años.
Y mientras, en el otro rincón de la gran sala del mundo,
   con otros y otros miembros de nuestra gran familia,
   yo, sin tener hambre, como precisamente lo que tú necesitas para seguir viviendo.
«Tuve hambre y...».

Un día podrás decirme esto, Señor,
   si yo dejo de darme aunque sea un solo instante.
Nunca terminaré de servir la sopa a mis hermanos: son demasiados. Siempre quedará alguno con el plato vacío.
Ah, Señor, no es nada fácil dar de comer al mundo.
Yo prefiero hacer mi oración con regularidad y pulcritud,
   prefiero hacer abstinencia los viernes, visitar a «mi» pobre, dar unas monedas para la tómbola del orfanato.
Pero esto no es bastante,
   no es nada si un día tú puedes aún decirme:
   «Tuve hambre y...».

* * *

Señor, ya no tengo hambre,
   no quiero seguir teniendo hambre,
   no quiero en adelante comer más de lo que necesite
   para vivir, para servirte y luchar por mis hermanos,
   puesto que tú tienes hambre, Señor,
   puesto que tú mueres de hambre
   mientras yo me voy harto.

LA VIVIENDA

En la mayoría de las ciudades del mundo el problema de la vivienda es gravísimo. No sólo tenemos el deber de conocerlo, sino que hemos de alzar la voz para reclamar soluciones.

Si de veras amamos a nuestros hermanos, fácilmente hallaremos la ocasión de colaborar, según nuestras posibilidades, en favor de quienes carecen de una vivienda digna.

* * *

Si un hermano o una hermana están desnudos y faltos del alimento cotidiano y uno de vosotros les dice: «Id en paz, calentaos y saciaos», pero no les da lo necesario para su cuerpo, ¿de qué sirve? (Sant 2, 15-16).

Señor, no lograba dormirme y me he levantado para rezar.
Fuera es de noche; el viento sopla y cae la lluvia y, taladrando la oscuridad, las luces de la ciudad indican que fuera hay seres vivos.
Me fastidian estas luces, Señor. ¿Por qué han tenido que venir a encenderlas aquí delante de mis narices?
Ellas me han despertado y ahora me retienen cautivo mientras, traidoramente, los sufrimientos de la ciudad desgranan su trágica elegía.
Y no puedo librarme, Señor: conozco demasiado estas torturas y las veo surgir como visiones,
las oigo que me hablan,
siento sus bofetadas.
Porque las conozco,
las conocía ya cuando vine a acostarme.

Sé de una habitación donde se mezcla el aliento apestado
de trece personas amontonadas,
sé de una madre que cuelga del techo la mesa y las sillas
para poder extender los jergones,
sé que las ratas se acercan para devorar los mendrugos y
morder a los niños,
sé que el marido tiene que levantarse para extender el hu-
le sobre el lecho empapado de sus cuatro pequeños,
sé de una madre que tiene que pasarse la noche de pie porque no tiene sitio más que para una cama y sus dos hijos están enfermos,
sé que un borracho vomita encima del hijo que duerme
junto a él,
sé que un muchacho se larga de su casa en plena noche
porque ya está harto,
sé que tres matrimonios duermen en la misma buhardilla
y los hombres se pelean por las mujeres,
sé que una chica tuvo un hijo de su hermano porque tienen 20 y 16 años y no disponen más que de una cama,
sé que la esposa se niega a hacer el amor con su marido
porque no queda sitio en la casa para otro hijo,
sé que un niño agoniza en silencio disponiéndose a reu-
nirse allá arriba con sus cuatro hermanos pequeños.
Sé todo esto, Señor, y mucho más,
conozco cientos y cientos de casos
y los sabía ya cuando tan tranquilo me acosté entre
mis pulcras sábanas.

Y quisiera no saberlo, Señor,
quisiera que todo esto fuese una serie de fábulas,
quisiera pensar que estoy soñando,
que alguien me convenciese de que soy un exagerado,
que alguien me demostrase que toda esta gente tiene la
culpa de lo que les pasa,
que si son infelices es que se lo han ganado.

Quisiera tranquilizarme, Señor, pero no puedo. Ya es demasiado tarde: he visto demasiado, he oído demasiadas cosas, he echado demasiado bien las cuentas, he hecho números, y ahora las cifras implacables me han arrebatado para siempre mi inocente tranquilidad.

* * *

Más vale así, hijo mío.

Porque yo, vuestro Dios y Señor, estoy muy disgustado con vosotros.

Yo os di el mundo al amanecer de los tiempos y en mi inmensa propiedad quiero que todos mis hijos tengan un lecho digno de su Padre.

Yo deposité en vosotros mi confianza, y vuestro egoísmo me lo ha echado todo a perder.

Es éste uno de vuestros mayores pecados y sois muchos los que lo lleváis sobre la espalda.

Ay de vosotros si por vuestra culpa muere uno solo de mis hijos, en su cuerpo o en su alma.

En verdad, en verdad os digo, que a éstos les daré las mejores viviendas de mi cielo.

Pero a los despreocupados, a los negligentes, a los egoístas que, bien comoditos en la tierra olvidaron a los otros, a éstos… les diré que ya han tenido su recompensa en el mundo.

Para ellos… no habrá sitio en mi casa.

Anda, hijo mío, pide perdón esta noche en tu nombre y en el de los demás.

Y mañana lucha con todas tus fuerzas, pues tu Padre está sufriendo al ver que todavía hoy no hay sitio para su Hijo en la casa de los hombres.

EL HOSPITAL

El dolor es un misterio que sólo puede ser explorado a la luz de la fe. «El mal en el mundo» no entraba en los designios de Dios. Al despreciar su plan de salvación –al pecar– los hombres desequilibraron al propio hombre, al universo. Y dieron a luz el dolor. Pero Cristo vino a nosotros para reparar el desorden. Del dolor inútil, él ha hecho el objeto mismo de la redención.

* * *

Él tomó sobre sí nuestras enfermedades y cargó con nuestros dolores, y nosotros juzgamos que Dios le había castigado, herido y humillado. Fue traspasado por nuestras iniquidades y molido por nuestros pecados. Sufrió el castigo para nuestro bien y con sus llagas nos curó (Is 53, 4-5).

Esta tarde he ido a visitar a un enfermo al hospital.
De pabellón en pabellón, he tenido que recorrer esta ciu-
    dad del dolor, adivinando los dramas que escondían las
    blancas paredes y maquillaban las flores del jardín.
He atravesado la primera sala.
Iba de puntillas en busca del enfermo,
    rozando con la mirada a los yacentes como el enferme-
    ro trata con mimo una herida para no hacer daño.
Y me sentía molesto
    como un extraño perdido en un templo misterioso,
    como un ateo en la nave de una iglesia.
Al fondo de la segunda sala encontré a mi enfermo,
    y ya ante él hablé aturullado, sin saber qué decir.

Señor, el sufrimiento me fastidia, me angustia,
   no comprendo por qué lo permites.
¿Por qué, Señor?
¿Por qué este pequeño inocente que gime desde hace una
   semana, abrasado atrozmente?
¿Por qué este hombre que lleva agonizando tres días y tres
   noches llamando a su madre?
¿Por qué esta mujer cancerosa que en un mes ha envejeci-
   do más que en diez años?
¿Por qué este obrero caído del andamio, muñeco destro-
   zado con apenas veinte años?
¿Por qué este extranjero, pobre despojo solitario, que no
   es más que una llaga purulenta?
¿Y esta muchacha enyesada, tendida sobre una tabla des-
   de hace más de treinta años?
¿Por qué, Señor?

No lo entiendo.
¿Por qué este dolor en el mundo
      este dolor que choca
      que tapona la vida,
      que enfurece
      y destroza?
¿Por qué este monstruoso y repugnante dolor que golpea a
   ciegas, sin andarse con explicaciones, se abate injusta-
   mente sobre el bueno y el malo?
En ocasiones parece retroceder ante el empuje de la cien-
   cia, pero vuelve a la carga con otra careta, más poten-
   te y sutil.

No, no lo entiendo.
El dolor es odioso, y me da miedo.
¿Y por qué, Señor, éstos y no otros?
¿Por qué ellos y no yo?

* * *

Pequeño mío: no fui yo, tu Dios, quien quiso el dolor, si-
no los hombres.
Ellos lo introdujeron en el mundo
al abrir la puerta al pecado,
pues el pecado es un desorden
y del desorden nace el mal.
A todo pecado –¡fíjate!– corresponde en algún lugar del
mundo y del tiempo un dolor,
y cuantos más pecados hay, más sufrimientos.
Pero piensa también que yo he venido
y he tomado vuestras penas
lo mismo que he cargado con vuestros pecados.
Yo las acepté y las sufrí antes que vosotros.
Y las he vuelto del revés como un guante,
las he transfigurado.
Yo las he convertido en un tesoro.
Ellas son un mal aún, pero un mal que sirve.
De vuestros sufrimientos yo he hecho la redención.

EN MEDIO DE LA CALLE

El mundo ha llegado a un desorden tal, que muchas personas se han visto obligadas –para ganar su mendrugo de pan– a trabajar directa o indirectamente en la preparación de armas cuyo único fin es asesinar física o moralmente a otros seres humanos. Prisioneros de sistemas económicos concebidos en pecado, se ven obligados algunos a la mentira y al robo.

Hace falta que unos y otros sufran hondamente esta trágica situación.

Solidarios con este mundo del que no tienen derecho a evadirse solos, deben tomar conciencia del pecado que les rodea para sentirse responsables de él. Y, lo mismo que no hay auténtica contribución más que a condición de esforzarse por cambiar de vida, no cabe auténtico dolor ante el pecado de todos más que a condición de trabajar para transformar las estructuras inhumanas.

Es éste un deber inaplazable del que nadie puede librar a un cristiano.

* * *

Vosotros sois la luz del mundo. Una ciudad construida sobre un monte no puede ocultarse, ni se enciende una lámpara y se la pone bajo el celemín, sino sobre el candelero, para que alumbre a cuantos hay en la casa. Así ha de lucir vuestra luz ante los hombres (Mt 5, 14-16).

Haciendo eses en medio de la calle
   iba cantando a gritos
   con su voz de borracho empedernido.
La gente se volvía, se detenía, se divertía.

Un policía se acercó a él con cautela, por la espalda.
Lo agarró brutalmente por los hombros y se lo llevó a comisaría.
Él iba aún cantando.
La gente aún reía.

Yo no me reí.
Pensaba, Señor, en esa esposa que inútilmente esperará esta noche,
  pensaba en todos los borrachos de la ciudad
  los de las tabernas y los bares
  los de los salones y los guateques.
Yo pensaba en su vuelta a sus casas por la noche,
  en los niños asustados
  en la cartera vacía
  en los golpes
  en los gritos
  en los llantos
  en los niños nacidos de abrazos entre eructos.

Ahora, Señor, tú has extendido tu noche sobre la ciudad
  y, mientras se urden y entrelazan estos dramas,
  los hombres que han fabricado ese alcohol,
  los que lo embotellaron,
  los que lo vendieron,
  dormirán tan tranquilos.
Yo pienso en todos ellos y me dan pena,
  ellos han fabricado y vendido la miseria,
  ellos han fabricado y vendido el pecado.

Pienso también en tantos como trabajan
  para destruir y no para construir,
  para ensuciar y no para ennoblecer,
  para embrutecer y no para educar,
  para envilecer y no para dignificar.

Pienso sobre todo, Señor, en la multitud de hombres que
trabaja para la guerra;
en aquellos que, para alimentar a su familia, deben trabajar en destruir a otros;
en los que, para vivir, deben fabricar muerte.
No voy a pedirte, Señor, que los saques a todos de su horrible tarea,
ya sé que es imposible.
Pero haz, Señor, que se lo piensen un poco,
que no duerman tranquilos,
que luchen contra el desorden de este mundo,
que sean un fermento,
que sean redentores.

Oh, Señor,
por todos los heridos de alma y cuerpo, víctimas del
trabajo de sus hermanos,
por todos los muertos cuyas muertes fabricaron a sa-
biendas los hombres,
por este borracho, payaso grotesco en mitad de la calle,
por la humillación y las lágrimas de su esposa,
por el miedo y los gritos de sus niños,
por todo esto, Señor, ten piedad de mí que tantas veces
me duermo,
ten piedad de los infelices que, a ciegas, son cómplices
de un mundo en el que los hermanos se asesinan para
ganarse el pan.

EL BAR

Dios está en todas partes. Pero tenemos que purificar constantemente nuestra mirada para descubrirlo en todos los ambientes y en todas las personas.

No se trata de llevar a Dios a los demás, pues ya lo poseen, sino de rastrearlo en ellos para encontrarlo y adorarlo.

He aquí nuestro quehacer. Esforzarnos humildemente por apartar todo obstáculo que le impida manifestarse cada vez más.

* * *

Leví ofreció un gran banquete en su casa, al que también había invitado a muchos publicanos y a otras personas. Los fariseos y los escribas murmuraban hablando contra los discípulos: «¿Por qué coméis y bebéis con publicanos y pecadores?». Jesús les contestó: «No tienen necesidad de médico los sanos sino los enfermos, y yo no he venido a llamar a los justos sino a los pecadores» (Lc 5, 29-32).

Era un bar
       como cualquier otro bar de una estación o de un puerto. Como cualquier otro bar del mundo.
Al entrar
       una joven se nos acercó, una pobre muchacha de ojos vendidos.
Yo sentí su mirada fijándose en nuestros rostros como una
       mano sucia toca una tela nueva, como un dedo manchado garabatea en la pared recién pintada.
Ella... elegía.
Temí que nos manchase.

Con unas monedas un tipo achispado puso en marcha la
    gramola y, en un instante, el bar se inundó de luz chi-
    llona, de música desenfrenada, de ritmo frenético.
Grotescas parejas empezaron a bailar, pintarrajeadas de
    amarillo, verde, rojo.
Y entre ellas un tipejo,
    un pequeño ser monstruoso, con cuerpo de niño y ca-
    ra envejecida.
Saltaba como un muñeco entre las manos del diablo.

¡Señor, allí apenas había algo de humano!

¿Dónde estaba en él el hijo de Dios?
¿Dónde en ella la hija de Dios?

He querido encontrar esa pequeña criatura divina al dar
    las buenas noches,
    sacarla a «ella» de ella,
    a «la» que se ha perdido, definitivamente,
    a «la» que ni sabemos dónde ha ido a parar.
Quise encontrar a la hija de Dios en el fondo de sus ojos,
    tocarla, hallarla,
    amar a quien Tú amas en ella, a «la» que Tú has que-
    rido desde la eternidad.
En nombre tuyo, al irme, le estreché la mano.
Si me hubiera atrevido, incluso la hubiera abrazado.
Y creo que ella –tu hija– me miró desde el fondo de los
    ojos de la mujer mientras yo me alejaba.

Era de noche.
Yo pensaba que a aquella misma hora
    benedictinos, trapenses, carmelitas,
    en el silencio y la pureza
    tocaban a Dios con su alma abierta.
Y sufrí por tu ausencia.

Todo me parecía horroroso y vacío.
Y con todo…
    con todo, la luz roja ha venido siguiéndome,
    la luz roja que salpica en la noche las calles
    de las grandes ciudades,
    la que indica la entrada de los clubes abiertos,
    la que invade las salas de alterne,
    la que también anuncia tu Presencia
    en la capilla oscura de la abadía.

Oh, Señor, ¿hay entonces tantas luces rojas distintas en la
    ciudad de los hombres:
    las que llevan a Ti,
    las que invitan al pecado?

¿O quizá, Señor,
    a pesar del mal
    a pesar de nosotros,
    a pesar de todo
    también estabas Tú allí
    anoche
    en el bar
    junto a ella?

                                    * * *

Sí, yo estaba allí, pequeño mío.
Pues yo estoy donde reina la pureza,
    para que se me adore.
Y también donde triunfa el pecado: para rescatarlo.

ESCLAVOS

El trabajo no es en absoluto un castigo, sino un honor que Dios ha querido hacernos a los humanos. En efecto, el Padre no quiso terminar a solas su obra creadora, sino que invitó a su criatura a colaborar con Él.

El trabajo es, además, un servicio que las personas se prestan unas a otras. Y aunque se haya puesto difícil por culpa del pecado, no ha perdido por ello su dignidad.

Gracias al trabajo, la tierra da frutos y produce. Pero no faltan hombres codiciosos que guerrean y se atacan para apoderarse de los nuevos productos.

El taller del mundo se ha convertido con demasiada frecuencia en un sombrío campo de concentración donde unos pocos abusan y utilizan para su propio provecho el trabajo forzado de tantos otros.

Habría que amar lo suficiente para sacudirse esta esclavitud. Pero no mediante el odio. Sino con el amor.

* * *

Y vosotros, los ricos, llorad a gritos sobre las miserias que os amenazan... El salario de los pobres que han segado vuestros campos, robado por vosotros, clama, y los gritos de los segadores han llegado a los oídos del Señor... Habéis condenado al justo, le habéis dado muerte (Sant 5, 1-6).

La creación misma espera anhelante que se manifieste lo que serán los hijos de Dios..., la creación vive en la esperanza de ser también ella liberada de la servidumbre de la corrupción y participar así en la gloriosa libertad de los hijos de Dios. Sabemos, en efecto, que la creación entera está gimiendo con dolores de parto (Rom 8, 19-22).

También ahora hay esclavos, Señor, y esta noche quiero rezar por ellos.

Uno iba a ser contratado como obrero especializado, pero una voz al teléfono se chivó: «Ojo con ése; fue cabecilla en su fábrica anterior».

Y el esclavo ha tenido que irse a la sopa de Cáritas.

Ten piedad de él, Señor.

Dijeron: «A partir del lunes, el trabajo empezará a las seis y media de la mañana».

Y la esclava despertó a sus pequeños a las seis, al salir para su trabajo.

Ten piedad de ella, Señor.

«¡Si os pillo otra vez hablando en el taller, os vais a ir a…!», gritó el patrón.

Y la esclava calló, mordiéndose los labios.

Ten piedad de ella, Señor.

Esta noche ella no ha querido volver a la pensión, la patrona le hubiera hecho trabajar.

Pero no tiene un céntimo, así que esta noche la esclava no probará bocado.

Ten piedad de ella, Señor.

El capataz ha dicho: «Se os pagarán tres horas menos, para compensar por el percance de ayer».

Y el esclavo, ardiendo de vergüenza y de rabia, agachó la cabeza sin rebelarse, porque en casa hay unos hijos.

Ten piedad de él, Señor.

«Hoy atenderéis cuatro telares en vez de tres», ha dicho el jefe de taller.

Y la esclava ha trabajado más aprisa para poder seguir el ritmo de las máquinas.

Ten piedad de ella, Señor.

Hoy los señores tendrán invitados, como todas las semanas.

Como ella duerme en el salón, le toca esperar a que, en torno a las tres de la mañana, los invitados se vayan.

Ten piedad de ella, Señor.

He aquí cómo hombres egoístas han reducido a sus hermanos a la esclavitud.

Pero tú no quisiste eso, Señor, cuando nos invitaste a trabajar los unos por los otros completando tu creación.

Tú querías que la tierra fuese un inmenso taller donde el gesto más pequeño del hombre sirviera para la obra común.

Tú te imaginabas unidos, como las células de un mismo cuerpo, los campos en simiente y las fábricas humeantes, despachos y talleres,

la intimidad del hogar donde las madres trabajan y las entrañas de la tierra donde escarban los mineros,

el laboratorio de los sabios y el estudio de los artistas.

Tú querías unos hombres maduros, enaltecidos por el trabajo y, todos al alimón, al fin de los tiempos, orgullosos de esta tierra que ellos habrían transformado, amueblado, concluido, ofreciendo al Padre contigo y en ti el hermoso fruto de su trabajo.

* * *

Pero hemos echado a perder el trabajo del hombre, hemos envilecido el misterio de la creación.

Esta noche, Señor, te ofrezco el largo grito de rebeldía de los hombres, esclavos del trabajo; te ofrezco la humillación y la pena de cada uno, la lucha de todos.

Te ofrezco a los apaleados
        encarcelados
        ametrallados
        asesinados,

este ejército de trabajadores que se bate a golpes de
dolor para que sus hermanos sean libres.
Ilumínalos con tu luz, Señor:
 que, en sus problemas, sepan a dónde van,
 que sean justos en su lucha,
 que sean generosos en su entrega,
 y sobre todo: que sepan que este mundo mejor que hay
 que hacer le preocupa –más que a nadie– a tu Padre.

Sí, purifica su corazón, Señor, a fin de que luchen por
amor, y que todos, libres y ufanos, puedan ofrecer al
Padre al fin de los tiempos, el Paraíso que contigo habrán construido con sus manos.

SOLTAD A FULANO

Los hombres han montado cárceles para los hombres. No sólo cárceles de piedra, sino también otras, invisibles, más molestas que aquéllas. Así es como a nuestro alrededor los hombres se ven encerrados en estructuras sociales, económicas y políticas que los reducen a la esclavitud. Y estas estructuras inhumanas recaen no sólo sobre su libertad exterior sino también, y por igual, sobre su libertad interior.

Para poder comer, para poder seguir tirando, se ven muchos obligados a dejarse encadenar, no pocas veces, ellos y todo cuanto tienen. Pero toda atadura de la libertad humana es un insulto a Dios. Por eso el cristiano deberá jugarse el tipo para liberar al hombre.

Repitámoslo una vez más; ésta es la primera y más esencial exigencia de su cristianismo.

* * *

La cohorte, pues, y el tribuno y los alguaciles de los judíos se apoderaron de Jesús y le ataron (Jn 18, 12).

Vosotros habéis sido llamados a la libertad; pero cuidado con tomar la libertad como pretexto para servir a la carne; antes bien, haceos esclavos los unos de los otros por amor. Porque toda la Ley se resume en este solo precepto: «Amarás a tu prójimo como a ti mismo» (Gal 5, 13-14).

Por todas las paredes de la ciudad
    en carteles,
    en los periódicos,
    en octavillas clandestinas,
    en todas partes se decía: «Soltad a Fulano».

Y es que hay cárceles por todas partes, Señor, y sé que esto no te gusta.

Hay cárceles a la vista de todos,
hay cárceles camufladas, edificios habilitados para cárceles, cárceles de urgencia porque no hay sitio para encerrar a todo el mundo en las cárceles de verdad.

Hay cárceles con barrotes, gruesos barrotes que puedes agarrar y sacudir con rabia,
y cárceles en las que se os dice con la sonrisa en los labios: «Pero si sois libres: la puerta está abierta, podéis marcharos cuando queráis». Pero uno sabe muy bien que es imposible huir.

Hay cárceles donde se ensañan los verdugos, auténticos bestias que uno puede tocar y que a su vez te tocan y te hacen sangrar,
y cárceles en las que los verdugos van camuflados de personas decentes, y os hieren sin que uno llegue a ver sus horribles mil manos.

Hay cárceles que se llaman cárceles a secas, francamente, sin rodeos,
y cárceles con una hermosa lista de nombres presentables:
cárceles que se llaman chabola, que se llaman ciudad, fábrica, baile, casa de citas,
cárceles que se llaman régimen político, sistema económico, sociedad anónima, contrato, ley, reglamento,
cárceles que se llaman con muchos otros nombres en todo país y en cualquier época.

¡Pero, Señor,
tú no inventaste todas estas cosas!
Tú nos has hecho libres, libres de amarte y aun de rechazarte.
Pues ¿dónde estaría el amor si nos viéramos forzados a amar?

Ha sido el hombre quien ha construido prisiones para los
otros hombres,
cárceles de piedra donde se pasa la vida encerrando a
los otros
porque no piensan como él
porque no hablan lo que él,
porque no hacen lo que él,
cárceles invisibles que él ha construido a fuerza de
egoísmo, de orgullo, de avaricia.
Media humanidad, Señor, ha encarcelado a la otra mitad.

* * *

*Hijo mío, las que a mí me preocupan no son precisamen-
te las cárceles de piedra; desde que habéis dejado que
se instale el desorden en el mundo han comenzado a
ser necesarias.*

*Cuando los hombres las usan para encerrar allí a cuantos
no piensan como ellos
yo sufro, porque al proceder así ofenden mi propia forma de pensar, pero aun entonces sé que el alma sigue
siendo libre y que nunca podrán impedirle pensar como ella quiera.*

*Las que realmente me tienen preocupado son las cárceles
invisibles.*

*Y son innumerables en todo el mundo; e incluso muchos
de mis hijos en ellas nacen, en ellas crecen, en ellas
mueren.*

*Y además son tan estrechas, tan altas, tan pesadas, tan
duras que aplastan los cuerpos y llegan incluso a las
almas.*

*Es tremendo, hijo mío, porque estas cárceles pueden lle-
gar hasta herir la libertad, la verdadera,
la paralizan
la encadenan
y destruyen al hombre.*

Anda, hijo,
   firma
   desfila
   vete a la manifestación
   lucha
   para que sea libertado Fulano,
   pero sobre todo
   para que sean libertados todos los prisioneros de to-
   das las cárceles invisibles.
   porque yo, vuestro Dios, os hice libres
   y libres os quiero.

LA CALVA

Dios ha pensado en nosotros desde el fondo de la eternidad, y su Amor creador no le ha permitido desviar su atención de nosotros ni un instante siquiera.

En la persona de nuestros hermanos debemos encontrar, y respetar, aquel sueño de Dios sobre ellos.

Y debemos estar siempre atentos como siempre lo está el Gran Atento.

* * *

Porque en Cristo fueron creadas todas las cosas, las del cielo y las de la tierra, las visibles y las invisibles... Todo fue creado por Él y para Él. Él es antes que todo y todo subsiste en Él (Col 1, 16-17).

No se perderá un solo cabello de vuestra cabeza (Lc 21, 18).

¿No se venden cinco pájaros por dos monedas? Y, sin embargo, Dios no se olvida de ninguno de ellos. Hasta los cabellos de vuestra cabeza están todos contados. No temáis, vosotros valéis más que muchos pájaros (Lc 12, 6-7).

Durante una hora la tuve ante mis ojos,
    todo el tiempo que duró la conferencia.
Y era hermosa esa cabeza, Señor,
    limpia, brillante, ceñida por una herradura de cabellos
    mimosamente ordenados, y severamente mantenidos
    al borde de la pista.
La conferencia era un rollo
    y he tenido tiempo para reflexionar.

118

He pensado, Señor, que tú conoces muy bien esta cabeza pelada,
   que, desde hace años, no quitas de ella ni un instante los ojos
   y cada día das permiso a la madre naturaleza para que quite un par de cabellos más de la zona que se va despejando.
Lo dijiste en el Evangelio: «Ni un cabello caerá de vuestras cabezas sin que yo lo permita».

Cosa cierta es, Señor, que tú piensas continuamente en nosotros,
   antes aun de que nosotros existiéramos,
   antes incluso de que el mundo existiera.
Tú sueñas en mí
   piensas en mí
   me amas.
Y en verdad que tu amor me hizo
   modelo único, no fabricado en serie,
   hecho de artesanía, no lanzado en cadena,
   el primero y el último,
   indispensable para la humanidad.

Cosa cierta es, Señor, que tú has dado a mi vida un destino exclusivo,
   que tienes un proyecto eterno hecho para mí solo, un plan maravilloso que llevas en tu corazón desde siempre, como un padre que piensa en los menores detalles de la vida del hijo de sus sueños.
Cosa cierta es que, inclinado sin cesar sobre mí, vas guiándome para realizarlo, siendo Luz en mi vista y Fuerza en mi alma,
   y que te entristeces cuando me desvío o me escapo del camino
   y que corres a levantarme si tropiezo o caigo.

Oh, Señor, Tú que has hecho estas cabezas calvas,
y has hecho, sobre todo, las vidas hermosas,
tú, el divino Atento
tú, el divino Paciente
tú, el divino Presente
haz que no me olvide ni un instante de tu Presencia.
No te pido que bendigas lo que yo por mi cuenta me deci-
do a vivir
sino que me des la gracia de descubrir y vivir
aquello que has soñado para mí.

Haz, Señor, que, viviendo de tu Gracia, pueda reflejar, en
mi atención a los otros, la Atención que tú tienes con
nosotros;
haz que, de rodillas, yo adore en ellos el misterio de tu
Amor creador,
que les deje recorrer el camino que tú les has trazado
sin intentar encarrilarlos en el mío.
Haz que yo reconozca que ellos son indispensables para el
mundo y que no pueda prescindir ni del más pequeño
de ellos.
Que jamás me canse de mirarlos y de enriquecerme con
los tesoros que tú les has confiado.
Ayúdame a alabarte en su camino
a encontrarte en sus vidas
y que no transcurra ni un instante de su vida
que no caiga de su cabeza ni un cabello
sin que yo –como tú– esté atento a ello.

FÚTBOL NOCTURNO

Muchas veces los hombres quisieran estar lejos del sitio y la hora en que les toca vivir. Es una ilusión enormemente peligrosa. A espaldas del deseo eterno del Padre no hay en el mundo quehacer para nosotros. Para realizar nuestra vida y colaborar en la realización de la humanidad, es preciso no huir un solo segundo de nuestro sitio. Porque nuestra vida es una obra divina.

* * *

Cristo constituyó a unos apóstoles, a otros profetas, a otros evangelistas, y a otros pastores y doctores. Capacita así a los creyentes para la tarea del ministerio y para construir su cuerpo, hasta que lleguemos todos a la unidad de la fe... A él se debe que todo el cuerpo, bien trabado y unido... vaya creciendo y construyéndose a sí mismo en el amor (Ef 4, 11-16).

Esta tarde, en el estadio, la noche se agitaba poblada por
    sesenta mil sombras,
    y, cuando los reflectores pintaron de verde los tercio-
    pelos del inmenso césped, la noche oyó un canto ento-
    nado por sesenta mil voces.
El maestro de ceremonias había dado la señal de empezar
    el oficio
    y la imponente liturgia se desarrollaba sin tropiezo,
    el balón blanco pasaba de oficiante en oficiante
    como si todo hubiera sido minuciosamente preparado
    de antemano,
    iba de uno a otro, rodaba a ras del suelo
    o volaba sobre las cabezas.

Cada uno estaba en su sitio, recibía la pelota y, con un toque medido, se la pasaba a otro; y el otro estaba allí para recoger el pase y combinar de nuevo.

Y como cada uno cumplía su misión, estando en su sitio, como todos rendían lo previsto y cada uno se sabía una pieza del conjunto
lenta, pero segura, la pelota avanzaba
y cuando el balón hubo recogido el esfuerzo de todos, cuando hubo reunido el corazón de los once jugadores el equipo disparó y marcó el tanto de la victoria.

* * *

Cuando a la salida la inmensa masa se deslizaba lenta por las calles demasiado estrechas
yo pensaba, Señor, que la historia humana, para nosotros un largo partido, era para ti esta gran liturgia, prodigiosa ceremonia que comienza en el alba de los tiempos y que no se terminará hasta que el último oficiante haya cumplido su último gesto.

En este mundo, Señor, cada uno de nosotros tiene su sitio; tú, entrenador providente,
nos lo marcaste desde la eternidad.
Porque tienes necesidad de nosotros aquí,
y nuestros hermanos tienen necesidad de nosotros
y nosotros tenemos necesidad de todos.
Y lo importante no es, desde luego, el puesto que ocupo, Señor, sino la perfección y la profundidad
de mi presencia,
¡qué importa que yo sea defensa o delantero,
si soy plenamente lo que debo ser!

* * *

He aquí, Señor, mi jornada ante mí…
¿No me habré refugiado demasiado en los fallos,

criticando los esfuerzos de los otros,
hundidas mis manos en los bolsillos?

¿He defendido bien mi puesto y, cuando tú mirabas al campo, me has encontrado siempre en mi sitio?

¿He recibido bien el «pase» de mi compañero y el «centro» que me vino desde el extremo?

¿He «servido» bien a mis compañeros de equipo sin caer en el individualismo ni en buscar mi propio lucimiento?

¿He «construido» juego para que se consiga la victoria y todos puedan contribuir a ella?

¿Luché hasta el fin a pesar de los fallos, los golpes, las lesiones?

¿No me han puesto nervioso los gritos de los compañeros y de los espectadores, no me he desanimado ante sus incomprensiones y reproches, ni me he enorgullecido con sus aplausos?

¿He «rezado mi partido» sin olvidarme de que, a tus ojos, Señor, este juego de los hombres es el más sagrado de los oficios?

Y ahora vuelvo ya a descansar a los vestuarios.
Mañana, si tú me seleccionas, volveré a jugar,
    y así cada día...
Haz que este partido celebrado con todos mis hermanos
    sea la solemne liturgia que esperas de nosotros,
    a fin de que, cuando des el pitido final
    de nuestras vidas,
    nos clasifiquemos para la copa del cielo.

TENGO TIEMPO

Todos los hombres se quejan de que no tienen tiempo para nada. Miran su vida con ojos tremendamente humanos.

Jamás podrá faltarnos tiempo para hacer lo que Dios nos encargue. Pero a condición de estar bien «presente» en todos y cada uno de los instantes que Él nos brinde.

* * *

Poned atención en comportaros no como necios, sino como sabios, aprovechando bien el tiempo... Por esto, no seáis insensatos, sino buscad cuál es la voluntad del Señor (Ef 5, 15-17).

Señor, he salido a la puerta
    y fuera había hombres:
Iban
    venían
    marchaban
    corrían.

Las bicis corrían
    los coches corrían
    los camiones corrían
    la calle corría
    la ciudad corría.

Corrían para no perder tiempo
    corrían en persecución del tiempo
    para atrapar el tiempo
    para ganar tiempo.

Hasta luego, Señor, excúsame, no tengo tiempo.
Volveré a pasar, no puedo esperar, no tengo tiempo.
Termino esta carta porque no tengo tiempo.
Me hubiera gustado ayudaros pero no tenía tiempo.
Imposible aceptar, me falta tiempo.
No puedo reflexionar, no puedo leer, me veo desbordado,
    no tengo tiempo.
Me gustaría rezar, pero no tengo tiempo.

Compréndelos, Señor, no tienen tiempo.
De niños tienen que jugar y no les sobra tiempo; luego…
    más tarde.
De chiquillos tienen que hacer sus deberes, no tienen
    tiempo; más tarde.
En el bachillerato tienen sus clases y tanto trabajo, no tie-
    nen tiempo… más tarde.
De jóvenes hacen deporte, no tienen tiempo; más tarde.
Recién casados tienen su casa, tienen que arreglarla, no
    tienen tiempo… más tarde.
Ya padres de familia tienen sus críos, no tienen tiempo…
    más tarde.
De mayores se ponen enfermos y tienen que cuidarse, no
    tienen tiempo… más tarde.
Ya están agonizando. No tienen… ¡Demasiado tarde!
    ¡Ya nunca tendrán tiempo!

Así los hombres corren persiguiendo el tiempo, Señor,
    pasan sobre la tierra corriendo, apresurados, atropella-
    dos, sobrecargados, enloquecidos, desbordados;
    y no llegan a nada jamás, les falta tiempo;
    a pesar de todos su esfuerzos, les falta tiempo,
    les llega incluso a faltar un horror de tiempo.

Oh, Señor, has debido de equivocarte en tus cálculos,
    hay un error general,

las horas resultan demasiado cortas
los días se hacen demasiado cortos
las vidas son demasiado cortas.

Y tú, Señor, que estás fuera del tiempo, sonríes al vernos
batallar con él.
Tú sabes lo que te haces; tú no te equivocas cuando dis-
tribuyes el tiempo a los hombres; tú das a cada uno el
tiempo justo para hacer lo que quieres que haga.
Pero no conviene perder tiempo
malgastar el tiempo
matar el tiempo
pues el tiempo es un regalo que nos haces,
pero un regalo fugaz
que no se puede meter en una lata de conservas.

Señor, sí, tengo tiempo,
tengo todo el tiempo mío,
todo el que tú me das
los años de mi vida
los días de mis años
las horas de mis días
todas enteras y mías.
A mí me toca llenarlas, tranquilamente, con calma
pero llenarlas bien enteras, hasta los bordes
para luego ofrecértelas y que de su agua desabrida
tú hagas un vino generoso, como hiciste en Caná
para las bodas de los hombres.

Por eso esta noche, Señor, no te pido tiempo
para hacer esto, aquello y lo de más allá;
sólo te pido la gracia de hacer bien a conciencia
lo que quieres que haga en el tiempo que me das.

NO HAY MÁS QUE DOS AMORES

Hemos sido creados por amor y para el amor. En la tierra aprendemos a amar. Al llegar nuestra muerte se nos examinará sobre el amor. Si estamos ya bien entrenados, nos iremos a vivir eternamente el Amor. Pero cada vez que aquí abajo nos amamos a nosotros mismos (egoísmo) falseamos el rumbo de nuestro destino y del destino del Universo.

No existen más que dos amores: el amor a nosotros mismos, y el amor a Dios y a los demás; vivir consiste simplemente en optar por alguno de los dos.

* * *

Nadie puede servir a dos amos; porque odiará a uno y querrá al otro, o será fiel a uno y al otro no le hará caso (Mt 6, 24).

El que ama a su hermano está en la luz, y en él no hay escándalo. El que aborrece a su hermano está en tinieblas, y en tinieblas anda sin saber a dónde va, porque las tinieblas han cegado sus ojos (1 Jn 2, 10-11).

No hay más que dos amores, Señor:
    el amor a mí mismo, el amor a ti y al prójimo.
Y cada vez que yo me amo es un poco menos de amor
    para ti y los demás,
    una fuga de amor,
    una pérdida de amor.
Pues el amor ha sido hecho para salir de mí y volar hacia
    los otros.
Cada vez que el amor retorna a mí se marchita,
    se pudre y muere.

127

El amor propio, Señor, es un veneno que bebo cada día.

El amor propio me ofrece un cigarrillo a mí y al vecino no.

El amor propio se queda con la mejor porción y se reserva el mejor sitio.

El amor propio acaricia mis sentidos y roba el pan de la mesa de los otros.

El amor propio habla mucho de mí y me hace sordo a la palabra de los demás.

El amor propio elige por su cuenta e impone su criterio al amigo.

El amor propio me disfraza y engalana, quiere hacerme brillar oscureciendo al prójimo.

El amor propio está lleno de compasión hacia mí y menosprecia el sufrimiento ajeno.

El amor propio encomia mis ideas e ignora las ajenas.

El amor propio me encuentra virtuoso, me llama hombre de bien.

El amor propio me incita a ganar dinero y a gastarlo a mi gusto, a atesorarlo para el porvenir.

El amor propio me aconseja dar limosnitas para acallar mi conciencia y vivir en paz.

El amor propio me calza de charol y me sienta en butaca.

El amor propio está satisfecho de mí, me adormece gentilmente.

Lo más grave es que el amor a mí es un amor robado,
estaba destinado a los demás, ellos lo necesitaban
para vivir, para crecer y yo lo he desviado;
y así mi amor causa sufrimiento, así el amor de los
hombres hacia sí mismos crea miseria,
todas las miserias humanas
todos los dolores humanos:

El sufrimiento del pequeño al que pega su madre y el del
hombre a quien el patrón riñe ante sus compañeros;

el sufrimiento de la chica solitaria en el baile y el de la
esposa a quien su marido ha dejado ya de abrazar;
el sufrimiento del niño que dejamos en casa porque estorba y el del abuelo de quien los peques se burlan porque es demasiado viejo;
el sufrimiento del hombre ansioso que no ha podido
contar su tristeza y el del adolescente inquieto de cuyo
dolor se han reído;
el sufrimiento del desesperado que va a tirarse por un
puente y el del criminal que va a ser ejecutado,
el del parado que quisiera trabajar y el del obrero que
gasta su salud por un sueldo irrisorio;
el sufrimiento del padre que amontona a su familia en
una sola habitación junto a un edificio vacío
y el de la madre cuyos hijos pasan hambre mientras se
echan a la basura las sobras del banquete;
el sufrimiento de quien muere solo mientras su familia, en la habitación contigua, espera el fatal desenlace
tomando café…

* * *

Todos los sufrimientos,
todas las injusticias, las amarguras, las humillaciones,
las penas, los odios, las desesperaciones,
todos los sufrimientos son un hambre insatisfecha,
un hambre de amor.
Así los hombres han ido construyendo lentamente, egoísmo tras egoísmo, un mundo desnaturalizado que aplasta a sus hermanos,
así los hombres sobre la tierra gastan su tiempo
en hartarse de su amor marchito,
mientras a su alrededor los demás mueren de hambre
tendiendo hacia ellos sus brazos.
Hemos malgastado el amor
y tu Amor.

Esta tarde te pido que me ayudes a amar.

Concédeme, Señor, que reparta el verdadero amor por el
mundo.
Haz que, a través de mí y de tus hijos, tu Amor penetre un
poco en todos los ambientes, en todas las sociedades,
en los sistemas económicos y políticos,
en todas las leyes, en los contratos, en los reglamentos.
Haz que penetre en los despachos, las fábricas, los barrios, las casas, los cines, los bailes.
Haz que penetre en los corazones de los hombres y que yo
jamás me olvide de que la lucha por un mundo mejor
es una lucha de amor, al servicio del amor.

Ayúdame a amar, Señor,
a no malgastar mi torrente de amor,
a amarme cada vez menos
para amar cada vez más a quienes me rodean.
Y que a mi alrededor nadie sufra o muera por haberle robado yo el amor que él necesitaba para vivir.

* * *

*Hijo mío: jamás llegarás a poner bastante amor en el co-
razón del hombre
y en el mundo,
pues el hombre y el mundo tienen hambre
de un amor infinito
y sólo Dios puede amar sin límites.
Pero si quieres, hijo, yo te daré mi Vida,
tómala en ti,
te doy mi corazón, os lo doy a todos, hijos míos.
Ama con mi corazón, pequeño mío,
y todos juntos saciaréis el mundo y lo salvaréis.*

TODO

El Evangelio predicado en su totalidad, sólo admite tres respuestas: entusiasmo, espanto o escándalo.

No puede menos de originar las más violentas reacciones por su total oposición al hombre pecador y al «mundo».

Cada vez que un hombre leal es alcanzado por el Evangelio, ve tambalearse los más hondos principios de su vida.

La exigencia de Cristo no soporta las medias tintas.

* * *

Bienaventurados seréis cuando os insulten y os persigan, y cuando os calumnien de mil modos por mi causa. Alegraos y regocijaos, porque grande será en los cielos vuestra recompensa (Mt 5, 11-12).

No penséis que he venido a poner paz en la tierra, no vine a traer paz sino espada (Mt 10, 34).

Si el mundo os aborrece, sabed que antes me aborreció a mí. Si fueseis del mundo, el mundo os amaría como cosa suya; pero como no sois del mundo, sino que yo os saqué de él, por eso el mundo os aborrece. Acordaos de mis palabras: «No es el siervo mayor que su señor. Si me persiguieron a mí, también os perseguirán a vosotros» (Jn 15, 18-20).

He oído predicar el Evangelio a un sacerdote que vivía el
  Evangelio.
Los pequeños, los pobres, quedaron entusiasmados;
  los grandes, los ricos, salieron escandalizados,
  y pensé que bastaría con predicar sólo un poco el Evangelio para que quienes frecuentan las iglesias se alejaran de ellas y quienes no las conocen las llenaran.

Pensé que era una mala señal para un cristiano el ser apreciado por la «gente bien».

Haría falta –creo yo– que nos señalaran con el dedo tratándonos de locos o revolucionarios.

Haría falta –creo yo– que nos armasen líos, que nos denunciaran, que intentaran quitarnos de en medio.

Esta tarde, Señor, tengo miedo,
  tengo miedo porque sé que tu Evangelio es terrible:
  es fácil oírlo predicar,
  es todavía relativamente fácil no escandalizarse de él,
  pero vivirlo... vivirlo es bien difícil.

Tengo miedo de estarme equivocando, Señor.
Tengo miedo de estar satisfecho con mi vidita decorosa,
  tengo miedo de las buenas costumbres que tomo por
  virtudes,
  tengo miedo de mis pequeños esfuerzos que me dan la
  impresión de avanzar,
  tengo miedo de mis actividades que me hacen creer
  que me entrego,
  tengo miedo de mis sabias organizaciones que tomo
  por éxitos,
  tengo miedo de mi influencia: me imagino que transforma las vidas,
  tengo miedo de lo que doy, pues oculta lo que no doy,
  tengo miedo porque hay gente más pobre que yo,
  peor instruida que yo
  peor desarrollada
  peor albergada
  peor abrigada
  peor pagada
  peor alimentada
  menos acariciada
  menos amada.

Tengo miedo, Señor, pues no hago bastante por ellos,
 no hago todo por ellos.

Sería necesario que yo lo diera todo,
 sería necesario que yo lo diese todo
 hasta que no quedara ni un solo sufrimiento,
 ni una sola miseria, ni un solo pecado en el mundo.
Haría falta, Señor, que yo lo diera todo, todo y siempre.

Haría falta que yo diera mi vida.
Pero no, esto no puede ser verdad del todo,
 no puede ser verdad para todos.
Estoy exagerando, hay que ser razonables.

* * *

Hijo mío, sólo hay un mandamiento para todos:
«Amarás con todo el corazón
 con toda el alma
 con todas tus fuerzas».

ETAPAS DEL ENCUENTRO
DE CRISTO CON LOS HOMBRES

Que a nadie se le ocurra buscar en estas oraciones un tratado de vida espiritual para el cristiano.

No son más que unos indicadores, unas etapas que nos han impresionado especialmente en el caminar de muchos cristianos.

Nos hemos limitado a recoger sus expresiones, sus palabras incluso, para iluminarles en su evolución y ayudarles a hablar con Dios.

No es difícil dar con el sentido de las primeras oraciones. Pero las últimas no podrán entenderse con la cabeza. Únicamente con la vida.

Quienes no han pasado jamás por estas etapas se reirán de la pobreza de tales palabras, pero a quienes las han franqueado –a Dios gracias– esas mismas palabras, y a pesar de la lejanía, les recordaran sus luchas. Se reencontrarán a sí mismos.

Hubieran podido añadirse otras oraciones, pero habrían servido a muy pocos.

Baste con saber que cuando un hombre se ha comprometido a aceptar a Dios y a los demás, el Señor no pone jamás punto final a la tarea de empujarle a ser mejor.

SEÑOR, LÍBRAME DE MÍ MISMO

Muchos hombres son víctimas de sí mismos. Más desgraciados de lo que cabe imaginar, están condenados a no poder amar más que su yo. Hay que entrar en su dolor para librarles del mismo, pues se trata ni más ni menos que de la experiencia del infierno. El inicio de su salvación estará en encontrar a un amigo que les haga descubrir que son verdugos de sí mismos; encontrar a un cristiano que se convierta para ellos –desde fuera– en la Luz y la Alegría que los aleje de sí mismos. Tal vez dirán entonces –no importa el texto– esta oración.

Si logran, en fin, pedir lealmente a Dios que les libre de sí mismos, ya están salvos. Es la primera etapa.

También nosotros podemos recitar esta oración las tardes en que nos hayamos encerrado en nuestro yo para vernos libres de los otros y de Dios.

* * *

Jesús salió al camino y corrió hacia él uno que, arrodillándose, le preguntó: «Maestro bueno, ¿qué he de hacer para alcanzar la vida eterna?»… Jesús poniendo en él los ojos, le amó y le dijo: «Una sola cosa te falta: vete, vende cuanto tienes y dalo a los pobres, y tendrás un tesoro en el cielo; luego, ven y sígueme». Ante estas palabras se nubló el semblante del joven y se fue triste, porque tenía mucho dinero (Mc 10, 17-22).

¿Me oyes, Señor?
Estoy sufriendo horrores,
    encerrado en mí mismo,
    prisionero en mí mismo,

no oigo más que mi voz,
sólo me veo a mí,
y tras de mí no hay más que sufrimiento.

¿Me oyes, Señor?
Líbrame de mi cuerpo: es un montón de hambre, y cuando toca algo con sus innumerables ojos enormes, con sus mil manos extendidas, sólo es para agarrarlo e intentar apagar con ello su insaciable apetito.

¿Me oyes, Señor?
Líbrame de mi corazón: aun cuando creo que amo locamente, acabo descubriendo con rabia que es a mí mismo a quien estoy amando a través del otro.

¿Me oyes, Señor?
Líbrame de mi espíritu: está lleno de sí mismo, de sus ideas, de sus opiniones; no sabe dialogar, pues no le llegan más palabras que las suyas.

Y yo solo me aburro y me canso,
me detesto y me doy asco,
desde que empecé a dar vueltas y más vueltas en mi sucia piel, como en el lecho quemante de enfermo del que se daría cualquier cosa por huir.

Todo me parece ruin, feo, sin luz
…y es que ya no sé ver nada sino a través de mí.
Y siento ganas de odiar a los hombres y al mundo
…y sólo es por despecho, puesto que no sé amarlos.

Y quisiera salir, escaparme,
marchar a otros países.
Porque yo sé que la *alegría* existe: la he visto cantar en muchos rostros.
Yo sé que la *luz* brilla: la he visto iluminando mil miradas.

Mas no puedo salir de mí: yo amo mi prisión
　　al tiempo que la odio,
　　pues yo soy mi prisión y me amo,
　　me amo, Señor, y me doy asco.

Y ahora no encuentro ya ni siquiera la puerta de mi casa,
　　enceguecido, avanzo a tientas,
　　me choco contra mis paredes, contra mis límites,
　　me hiero, me hago daño,
　　demasiado daño,
　　pero nadie lo conoce porque nadie entró en mí.
Estoy solo, solo.

Señor, Señor, ¿me oyes?
Enséñame mi puerta,
　　cógeme de la mano,
　　ábreme, enséñame el Camino,
　　la ruta de la *luz* y la *alegría*.

Pero… Señor, ¿me estás oyendo?

* * *

Sí, pequeño, te oigo y me das pena.
Hace tiempo que acecho tus persianas caídas.
　　Ábrelas: mi Luz te iluminará.
Hace tiempo que aguardo ante tu puerta encerrojada.
　　Ábrela: me hallarás en el umbral.

Yo te estoy esperando y también te esperan los otros.
Sólo hace falta abrir,
　　hace falta que salgas de ti.
¿Por qué seguir siendo prisionero de ti mismo? Eres libre.
No fui yo quien cerró tu puerta ni puedo abrirla ahora.
Eres tú quien tiene echado el cerrojo por dentro.

SEÑOR,
¿POR QUÉ ME HAS PEDIDO QUE AME?

Quien ha empezado a darse a los demás está salvado. Por el hecho de aceptar la amistad de sus hermanos, aceptará la de Dios y se librará de sí mismo.

Nosotros somos nuestro mayor –mortal– enemigo. De tejas abajo, causa de nuestros sufrimientos. Y hablando sobrenaturalmente, quienes cerramos el paso a Dios.

No faltan personas empeñadas en purificarse. Se examinan una y otra vez, emplean el tiempo en luchar contra sus defectos sin jamás conseguir nada, excepto cultivar mediocres virtudes de invernadero dignas de su raquítica talla. Tampoco faltan educadores que las meten en esos berenjenales ignorando que, al insistir en aquel defecto que superar o aquella virtud que conquistar, las centran más y más en su yo, condenándolas a la esterilidad.

Por el contrario, habría que conocerlas para darse cuenta, primero, no de los defectos que arrastran, sino de sus cualidades; es decir, deberían adquirir conciencia de sus riquezas. Y también del ambiente en que tendrán que desarrollar sus potencialidades, para ayudarles en cada caso concreto a hacerse presente en él dándose a los demás.

Todos pueden y deben dar. ¿Tienen un talento? Que lo den. ¿Tienen diez? Que den los diez. Porque sólo dando es como se puede recibir.

Quien se ha lanzado por este camino del don, pronto se da cuenta –si es sincero– de que le es imposible dar marcha atrás.

Tendrá miedo. En este caso habrá que animarle y convencerle de que únicamente a este precio –darse a los demás– realizará su vida y conocerá la Alegría de Dios.

* * *

Pasado mucho tiempo, vuelve el amo de aquellos siervos y les toma cuentas; y llegado el que había recibido los cinco talentos, presentó otros cinco, diciendo: «Señor, tú me has dado cinco talentos; mira, pues, otros cinco que he ganado». «Muy bien, siervo bueno y fiel; como has sido fiel en lo poco, te pondré al frente de lo mucho; entra en el gozo de tu Señor» (Mt 25, 19-21).

En esto hemos conocido la caridad, en que él dio su vida por nosotros, y nosotros debemos dar nuestra vida por nuestros hermanos. Si uno tiene bienes de este mundo y, viendo a su hermano pasar necesidad, le cierra sus entrañas, ¿cómo puede permanecer en él el amor de Dios? Hijitos, no amemos de palabra ni de boca, sino con hechos y de verdad. En eso conoceremos que somos de la verdad (1 Jn 3, 16-19).

Señor, ¿por qué me has pedido que ame a todos mis hermanos, los hombres?
Lo he intentado y heme aquí que vuelvo a ti aterrorizado.

Yo estaba, Señor, tan tranquilo en mi casa,
    me había organizado la vida, estaba instalado,
    mi interior estaba puesto a punto
    y me encontraba a gusto.
Solo, me sentía totalmente de acuerdo conmigo mismo.
Al abrigo del viento, de la lluvia, del fango.

Me habría quedado para siempre encerrado en mi torre,
    limpio y puro.
Pero en mi fortaleza, Señor, Tú has abierto una grieta.
Tú me has forzado a entreabrir mi puerta
    ...y, como una ráfaga de lluvia en pleno rostro,
    el grito de los hombres me ha despertado;
    como una borrasca, una amistad me ha estremecido,
    como se cuela un rayo de sol, tu Gracia me ha llenado
    de inquietud
    ... y yo, incauto, he dejado entreabierta mi puerta.

¡Y ahora, Señor, estoy perdido!
Fuera los hombres me espiaban.
Yo no me imaginaba que estuvieran tan cerca;
    aquí en mi casa, en mi calle, en mi oficina;
    mi vecino, mi colega, mi amigo.
Apenas entreabrí los vi a todos con la mano extendida,
    la mirada extendida,
    el alma extendida,
    pidiendo como los pobres a las puertas de las iglesias.

Y los primeros entraron en mi casa.
    Sí, había un poco de sitio en mi corazón.
Yo los acogí: los curaría, los acariciaría, los festejaría:
    ¡ah, mis queridas ovejitas, mi pequeño rebaño!
Así, tú estarías contento conmigo,
    orgulloso, servido,
    honrado digna, exquisitamente.
Sí, todo esto era perfectamente razonable.

Pero a los otros, Señor… a los otros yo no los había visto:
    los primeros los tapaban.
Y éstos eran más numerosos, más miserables:
    me invadieron sin llamar a la puerta siquiera.
Y hubo que hacerles sitio, apretarse.

Pero luego han seguido viniendo de todas partes,
    en olas y más olas,
    empujándose los unos a los otros, atropellándose.
Han venido de todos los rincones de mi ciudad,
    de la nación, del mundo;
    innumerables, inagotables.

Y éstos ya no han venido de uno en uno, sino en grupos,
    en cadena, enganchados los unos a los otros, mezcla-
    dos como bloques de humanidad.

Y ya no vienen a cuerpo, sino cargados de inmensos equi-
   pajes: maletas de injusticia, paquetes de rencor y de
   odio, baúles de sufrimiento y de pecado…
Se traen con ellos el mundo, con todo su material moho-
   so y retorcido, o demasiado nuevo, inadaptado, inútil.

¡Oh, Señor, qué lata!
   ¡Qué embarazosos son, qué absorbentes!
¡Además tienen hambre: me devoran!
Y ya no sé qué hacer: siguen viniendo, siguen empujando
   la puerta que se abre más y más…
¡Mira, Señor, ahora: mi puerta abierta ya de par en par!
¡No puedo más! ¡Es demasiado! ¡Esto ya no es vida!
¿Y mi situación?
   ¿y mi familia?
   ¿y mi tranquilidad?
   ¿y mi libertad?
   ¿y yo?
Ah, Señor, ya lo he perdido todo, ya ni me pertenezco.
En mi alma ya no hay ni un rincón para mí.

* * *

No temas, dice Dios, hoy lo has ganado todo,
   pues mientras estos hombres entraban en tu casa,
   yo, tu Padre
   y tu Dios,
   me he deslizado dentro de ti entre ellos.

AYÚDAME A DECIR «SÍ»

Marcado por la alegría de la primera entrega, el cristiano no puede volverse atrás. Su sensibilidad, toda ella en ascuas, le ayudó a superar dificultades. Avanza arrastrado, empujado por «los otros», cuya exigencia se hace día a día más absorbente. Y he ahí que Dios se manifiesta. Esta vez con claridad meridiana, ya no tras las apariencias de los demás. Pide ser recibido y no precisamente en un rincón. Exige toda la persona y todas sus acciones. El cristiano que reconoce al Señor, huye las más de las veces, pues sabe que si es atrapado, Dios le va a pedir una rendición total y sin condiciones. El Señor lo irá acosando cada vez más hasta conseguir de él ese «sí» que divinizará su vida.

Solamente quien ha vivido esta «lucha» con Dios comprenderá esta oración en toda su profundidad. Etapa dolorosa que el educador, el amigo, debe comprender. Ha de obrar discretamente –no vaya a estorbar a Dios– ya que Él acaba de tomar en sus manos la formación de su hijo, y sin embargo presente para arropar al otro en la fe. Ayudándole a reconocer al Señor, traduciendo las llamadas de amor que Dios le irá susurrando a lo largo de la vida, aclarándole las citas de Dios, sus pasos, sus persecuciones, ayudando en todo al creyente e invitándole a decir «sí». Deberá hacerle ver que, cuando sufre, es él mismo quien se hace sufrir por resistirse a Dios, ya que quien lucha contra Dios siempre lleva las de perder. Dios es el más fuerte, su Amor es más fuerte.

* * *

El ángel Gabriel, entrando donde María, le dijo: «Dios te salve, llena de gracia, el Señor es contigo». Ella se turbó al oír estas palabras y discurría qué podría significar aquel saludo. El ángel le dijo: «No temas, María, porque has hallado gracia delante de Dios, y concebirás en tu seno y darás a luz a un hijo a quien pondrás por nombre Jesús… Él será grande y será llamado Hijo del Altísimo… porque nada hay imposible para Dios». Dijo María: «He aquí a la sierva del Señor; hágase en mí según tu palabra» (Lc 1, 28-38).

Me da miedo decir «sí».
¿Adónde me acabarás llevando?
Me da miedo sacar la pajita más larga,
    me da miedo firmar el cheque en blanco,
    me da miedo decir un «sí» que traerá cola.

Y con todo no puedo vivir en paz,
    tú me sigues, me cercas por todos lados.
Y yo busco el ruido porque me da miedo oírte;
    pero tú te deslizas en el menor silencio.
Yo cambio de camino cuando te veo venir
    pero al final del nuevo sendero tú me estás esperando.
¿Dónde me esconderé? En todas partes te encuentro:
¡No hay modo de escapar de ti!

Y yo tengo miedo de decir «sí», Señor.
Tengo miedo de darte la mano: te quedarías con ella.
Tengo miedo de cruzarme con tu mirada: eres un seductor.
Tengo miedo de tu exigencia: eres un Dios celoso.
Aunque estoy acorralado, trato de esconderme.
Aunque estoy cautivo y vencido, me debato y lucho.
Tú eres más fuerte, Señor;
tú posees el mundo y me lo quitas.
Cuando extiendo la mano para tocar a una persona o agarrar una cosa, se desvanecen ante mis ojos.
Y no, no es agradable eso de no poder tomar nada para mí:
    si corto una flor se me marchita entre los dedos,
    si lanzo una carcajada se me hiela en los labios,
    si danzo un vals me quedo jadeante y nervioso.

Y todo me parece vacío, todo se me hace hueco.
En torno a mí has hecho el desierto.
Y tengo hambre
    y sed,
    pero el mundo no podría alimentarme.

¡Pero si yo te amaba, Señor!
    ¿Qué es, entonces, lo que te he hecho?
Yo trabajaba por ti, me entregaba.
Oh gran Dios terrible, ¿qué más quieres?

* * *

Hijo mío, quiero más de ti y del mundo.
Antes me dabas tus obras, pero eso no me sirve de nada.
Me invitabas a bendecirla, me invitabas a sostenerla, que-
    rías interesarme en tu trabajo.
Pero fíjate bien: al hacerlo, hijo mío, invertías el juego.
Yo antes veía tu buena voluntad, te seguía con los ojos,
    pero ahora quiero más:
    no se trata de que hagas tu acción,
    sino la voluntad de tu Padre del cielo.
Di «sí», hijo mío.
Necesito tu «sí» como necesité antaño el de María
    para venir al mundo,
porque soy yo quien debe meterse en tu trabajo,
    entrar en tu familia, en tu barrio;
    yo, y no tú.
Porque es mi mirada la que penetra y no la tuya,
    es mi palabra la que arrastra y no la tuya,
    es mi vida la que transforma y no la tuya.
Dame todo, ponlo todo en mis manos.
Yo necesito tu «sí» para desposarme contigo
    y descender a la tierra;
    necesito tu «sí» para seguir salvando al mundo.

* * *

Oh, Señor, tus exigencias me dan miedo,
   pero ¿quién puede resistirte?
Para que tu Reino llegue y no el mío,
   para que se cumpla tu voluntad y no la mía,
   ayúdame a decir «sí».

NADA, NADA, YO NO SOY NADA

¡Qué poco se conoce el hombre a sí mismo! Aunque examine a fondo su conciencia, no percibe sus grandes miserias. El hombre no es humilde; por más que se esfuerce en buscarse defectos, jamás varía la buena opinión que a pesar de todo tiene de sí.

Cuando empieza a salir de su cerrazón y darse a los demás, el creyente triunfa en toda la línea. Se le hace imposible no pensar que él tiene su parte en ello. Y así estorba a Dios. Únicamente cuando logre comprender –y esto es un don de lo alto– que él no puede «nada», podrá Dios empezar a hacerlo todo.

Afortunadamente, cuando el hombre eclipsa su propia personalidad ante sus hermanos para recibirles, recibe a Dios, y al recibirle a Él, recibe la luz.

Lentamente o de improviso –es igual– ésta lo penetra todo desde el alma del creyente hasta el último resquicio de su acción.

Es un descubrimiento doloroso. Ya no hará falta repetir que uno no es nada, que es Dios quien dirige la acción y le da su eficacia, pues gracias a la iluminación sobrenatural, esto se palpa.

Hay que convencer al creyente de que no cierre los ojos, de que no debe desanimarse. Es una gracia que el Señor le brinda; sin ella jamás habría logrado conocer la grandeza de Dios y la pequeñez del hombre. ¡Ojalá no lo vuelva a olvidar nunca!

* * *

Yo soy la vid, vosotros los sarmientos. El que permanece en mí y yo en él, ése da mucho fruto, porque sin mí no podéis hacer nada (Jn 15, 5).

En verdad, en verdad os digo que el que cree en mí hará también las obras que yo hago. Cualquier cosa que pidáis en mi nombre os la concederé, para que el Padre sea glorificado en el Hijo (Jn 14, 12-13).

Tú lo has querido, Señor, heme aquí por los suelos.
Ya no me atrevo ni a levantarme, ni a mirarte siquiera.
Nada, nada, yo no soy nada, ahora lo sé.

Tu luz es terrible, Señor, y yo quisiera escaparme de ella,
    desde que te acogí has iluminado mi tienda,
    cada día tu despiadada claridad la muestra
    y yo descubro en mí lo que nunca había visto.

Veo el bosque de mis pecados detrás del árbol que me lo
    ocultaba,
    veo las innumerables raíces imposibles de arrancar,
    veo que todo en mí es un obstáculo para ti, como la me-
    nor mota de polvo frena el sol y hace nacer la noche.
Veo al demonio atacando los flancos de mi fortaleza
    que yo creía inexpugnable
    y me veo tambaleante y a punto de caer.
Veo mi impotencia, yo que siempre me lucía ante ti,
    veo que en mí todo está confuso
    y que ni siquiera uno de mis gestos es puro.
Veo la profundidad infinita de cada falta frente al infinito
    de tu Amor.
Y me siento incapaz de llegar a una sola alma con el ruido
    de mis palabras y el viento de mis gestos,
    y veo al Espíritu soplar donde yo no había actuado
    y al grano germinar donde no había sembrado.

Nada, nada, yo no soy nada, yo no hago nada, ahora lo sé.
Cómo lo aclaras todo, Señor, cómo lo iluminas.
Ya no queda un rincón en sombra en mi alma ni en mi vida.
¡Qué duro eres y qué implacable!
Por más que me afane en darme la vuelta,
    tu luz me ilumina por todas partes,
    y me veo a mí mismo desnudo, Señor,
    y me avergüenzo.

Antes yo me proclamaba pecador e indigno.
Lo decía, pero no lo sentía.
Ante ti rebuscaba unas faltas
    pero apenas lograba sacar de mi mochila algunas mi-
    núsculas confesiones.
Ahora, Señor, es todo mi ser quien se arrodilla,
    es el pecado que yo soy quien pide perdón.

Señor, gracias por tu Luz.
Hasta ahora no me había dado cuenta de todo esto.
Pero ya basta, Señor;
    te lo prometo, he comprendido:
    yo no soy *nada*,
    tú eres *todo*.

SEÑOR, ESTOY ATERRADO

Un día el creyente se dará de bruces contra el mal del mundo. En cuestión de segundos quizás, se le manifestará en toda su amplitud y profundidad. Incapaz de compartir con otros este secreto, cargará a solas, anonadado –desgana y noche–, con el mal que creía conocer y del que otras veces sólo había percibido el primer pliegue. Contacto profundo con el pecado del mundo. Primera etapa de una noche indispensable para la purificación del creyente y el pleno conocimiento de su misión de redentor.

Más adelante, la noche se instalará en el ápice de su alma, pero ésta será ya la aurora de la resurrección.

* * *

A quien no conoció pecado, Dios lo trató por nosotros como al propio pecado, para que, por medio de él, nosotros sintamos las fuerza salvadora de Dios (2 Cor 5, 21).

Comenzó a sentir temor y angustia, y les dijo a sus apóstoles: «Me muero de tristeza; permaneced aquí y velad». Adelantándose un poco, cayó en tierra y suplicaba que, si era posible, pasase de él aquella hora. Decía: «Padre, todo te es posible; aleja de mí este cáliz; mas no sea lo que yo quiero, sino lo que quieres tú» (Mc 14, 33-36).

Mi alma se siente turbada. Y ¿qué diré? ¿Padre, líbrame de esta hora? De ningún modo; porque he venido precisamente para aceptar esta hora. ¡Padre, glorifica tu nombre! (Jn 12, 27).

Señor, estoy aterrado
    esta noche estoy aterrado.
El mal es terrible, Señor,
    es feo y sucio.

Yo marcho por el fango
    camino sobre el fango
    nado en el fango.
El mundo es fango.

Me parece que tengo necesidad de lavarme
    las manos
    los ojos
    el cuerpo
    el corazón
    el alma
    todo, Señor.
No me atrevo a seguir avanzando,
    no me atrevo ni a mirarme.
¿Por qué tuviste que enseñarme eso,
    por qué me hiciste comprender?
Ya no podré olvidarlo nunca más.
¡Ah, qué viejo me siento esta noche,
    más viejo que mi rostro mentiroso!
En unas horas he envejecido diez años.

Señor, perdón, yo no sabía todavía.
Señor, perdón, ellos aún no saben,
    los hombres felices no lo saben,
    los sin pecado aún no lo saben,
    los puros, los inocentes no lo sabrán jamás,
    ni siquiera podrán imaginarlo.
¡Oh, qué feo es, Señor!

Esta foto de muchachote puro y sonriente que miro,
    me serena y me enfurece a un tiempo.
Envidio su inocencia
    y me molesta su tranquilidad,
    mendigo su sonrisa que me hiere,
    hambreo su pureza reciente y me hace daño.

Señor, ¿cómo se puede saber y quedar limpio?
¿cómo conocer y permanecer en paz?
¿cómo cargar la infinita tristeza del pecado y
guardar en lo profundo tu Alegría?

* * *

Hijo mío: hace falta aceptar el mal que hay en el mundo,
hace falta, incluso, cargárselo a la espalda.
No te detengas, pero cógelo al paso:
para eso te envié por los caminos.
Te aplasta, no puedes seguir avanzando con él,
te desplomas de asco en la noche y en la soledad.
Conozco todo eso, hijo mío,
también yo lo he pasado antes que tú:
fue mi Agonía.
Porque hay que pasar por ahí,
ésa es la ley de mi Redención.
Pues antes de resucitar hay que morir,
antes de morir hay que agonizar,
antes de agonizar hay que sufrir.
No huyas del mal. Al contrario: permanece allí. Agárralo.
Cuanto más feo sea, cuanto más pesado,
más hay que empuñarlo.
Sufre,
muere:
la Alegría *vendrá después.*

LA TENTACIÓN

El demonio no puede quedar satisfecho al ver que un cristiano se pone de parte de Dios y de los demás. No faltarán días o épocas en que el torbellino de la tentación, acallado últimamente por el canto del amor, rebrotará más violento e insistente.

Dios permite esta prueba. Y ocasiones habrá en que se hará sordo a las llamadas de socorro de su pequeño, para medir sus fuerzas y obligarle a un mayor abandono. Hasta que éste lo espere todo de Dios y nada de sí mismo, no encontrará la paz.

Sólo los niños pequeños se dejan conducir por Dios.

* * *

Jesús subió a una barca y sus discípulos lo siguieron. De pronto, se alborotó el lago de tal manera que las olas cubrían la barca, pero Jesús estaba dormido. Los discípulos se acercaron y lo despertaron diciéndole: «¡Señor, sálvanos, que perecemos!». Él les dijo: «¿Por qué tenéis miedo, hombres de poca fe?». Entonces se levantó, increpó a los vientos y al lago, y sobrevino una gran calma (Mt 8, 23-26).

«En verdad os digo, si no os volvéis y os hacéis como niños, no entraréis en el reino de los cielos» (Mt 18, 2-3).

No puedo más, Señor,
    estoy rasgado,
    agrietado.
Desde por la mañana estoy luchando contra esta tentación
    que, sin descanso, discreta, persuasiva, sensible o sensual, danza ante mí como una muchacha lasciva en un barracón de feria.

Y ya no sé qué hacer,
  no sé adónde ir;
  me acecha,
  me sigue,
  me invade.
Si huyo de una habitación, me la encuentro sentada, espe-
  rándome, en la otra.
Abro un periódico y allí está, escondida bajo las palabras
  de un artículo insustancial.
Salgo y me topo con su sonrisa detrás de un rostro desconocido.
Giro la cabeza, miro la pared y salta desde un anuncio.
Vuelvo a casa para trabajar y ella duerme tranquila en mis
  carpetas y se despierta apenas toco mis papeles.
Desesperado, meto mi pobre cabeza entre las manos, cie-
  rro los ojos para no ver nada… y la descubro más viva
  que nunca, instalada dentro de mí, como en su casa.
Pues ella ha forzado la puerta de mi alma,
  se ha deslizado en mi cuerpo,
  en mis venas,
  hasta la punta de mis dedos;
  se mete por las rendijas de mi memoria,
  canta al oído de mi imaginación,
  toca mis nervios como las cuerdas de una guitarra.
Ya ni sé dónde estoy, Señor,
  no sé siquiera si deseo este pecado que me solicita,
  no sé si huyo o si corro hacia él.
El vértigo me agarra y el vacío me atrae, como al impru-
  dente alpinista que no puede ni seguir avanzando ni retroceder.
Señor, ayúdame.

Aquí estoy, niño mío.
No estás abandonado,
  hombre de poca fe.

Es que eres demasiado orgulloso,
todavía cuentas contigo.
Si quieres pasar a través de todas las tentaciones sin caer,
sin vacilar, calmo y sereno,
hace falta que te abandones en mis manos;
hace falta que reconozcas que no eres suficientemente
grande, que no eres lo bastante fuerte;
hace falta que te dejes guiar
como un niño,
como un pequeñuelo mío.

Vamos, dame tu mano y no temas.
Si hay fango, yo te llevaré en brazos.
Pero hace falta que tú seas pequeño, totalmente pequeño,
pues sólo los pequeños van en brazos del Padre.

PECADO

Y hay ocasiones en que no es sólo la tentación lo que tiene que saborear el cristiano que se entrega de veras. También el pecado. Caída bochornosa en aquello que ya creía totalmente superado. Tan profundo, tan sólido le parecía su amor al Señor.

Caído, corre el peligro de desanimarse. No había llegado a sentir jamás tan hondamente el mal con toda su fealdad.

Ahora conoce mucho mejor el amor de Dios.

Todo es gracia. Este tropiezo le ayudará a comprender que no puede fiarse lo más mínimo de sí. Y le devolverá al lugar que le corresponde: el último.

Pero además de a desconfiar de sus fuerzas, será necesario que aprenda a abandonarse cada vez más en Dios, Padre.

* * *

Para que no me engría a causa de la grandeza de mis revelaciones, me fue dado el aguijón de la carne, este ángel de Satanás que me abofetea. Por esto rogué tres veces al Señor para que lo apartara de mí, pero él me dijo: «Te basta mi gracia, pues mi poder es tanto mayor cuanto mayor es la debilidad...», pues cuando parezco débil, entonces es cuando soy fuerte (2 Cor 12, 7-10).

Yo os digo que en el cielo será mayor la alegría por un pecador que haga penitencia que por noventa y nueve justos que no la necesitan (Lc 15, 7).

He caído, Señor.

Otra vez.

Y ya no puedo más. Ya no venceré nunca.

Me avergüenzo de mí y ni me atrevo a mirarte.

Y, con todo, Señor, yo he luchado: te sabía junto a mí,
   incluso sobre mí, atentamente.
Pero la tentación ha soplado como una tempestad,
   y he vuelto los ojos
   y me he salido del camino
   mientras tú te quedabas silencioso y dolido,
   como un novio rechazado que ve a su amor alejarse
   abrazada a su rival.

Luego el viento calló, enmudeció tan bruscamente como se
   había levantado,
luego el relámpago se apagó tras haber desgarrado bruscamente la sombra, y yo me encontré solo, avergonzado, triste, con mi pobre pecado entre las manos.

Este pecado que yo he elegido como un cliente su compra,
   este pecado que ya no puedo devolver
   porque se ha ido el vendedor,
   este pecado sin olor, insípido,
   este pecado que me repugna,
   inútil objeto que quisiera tirar en cualquier sitio;
   este pecado que quise y ya no quiero;
   este pecado que yo vengo soñando
   rebuscando
   olfateando
   acariciando
   desde hace tanto tiempo,
   este pecado que al fin he conquistado
   apartándome fríamente de ti, Señor,
   arrastrándome panza abajo, extendiendo mis brazos,
   mis manos, mis dedos, mi cara, mi corazón,
   este pecado que al fin he conquistado
   apartándome voraz.
Ahora lo poseo y me posee, como la tela de araña tiene
   cautivo al moscardón.

Ya es mío,
   se me pega a la piel,
   se cuela dentro de mí,
   me corre por las venas,
   ocupa mi corazón,
   se desliza por todas partes como la noche se insinúa en
el bosque y va invadiendo los últimos rincones de luz.

Ahora no puedo desembarazarme de él.
Corro y me sigue, como un perro sarnoso que quisieras
   perder y que, obstinado, siempre alcanza a su dueño y
   se te frota feliz contra las piernas.
Siento que este pecado se me tiene que notar,
   y me avergüenza ir por la calle;
   quisiera arrastrarme para esquivar las miradas.
Me aterra encontrarme con los amigos,
   me da vergüenza encontrarme contigo, Señor,
   pues tú me amabas y yo te he olvidado.
Te he olvidado porque he pensado en mí
   y no se puede pensar en dos señores a la vez.
No queda más remedio que escoger, y yo he escogido.

Y tu voz,
   tu mirada,
   tu amor hoy me hacen daño.
Sobre mí están, pesados,
   más pesados aún que mi pecado.

Oh, Señor, no me mires así.
Estoy desnudo y sucio,
   caído por el suelo, destrozado.
Ya no me quedan fuerzas,
   ya no me atrevo a prometerte nada,
   sólo me queda permanecer así, postrado, ante ti.

* * *

Vamos, niño, levanta tu cabeza.
¿No será sobre todo tu orgullo quien te hiere?
Si me amases de veras, estarías triste, sí, pero confiarías.
¿Acaso crees que he puesto límites a mi amor?
¿Piensas que he dejado de amarte un solo instante?
Aún estás contando contigo mismo, hijo,
    y no debes contar más que conmigo.

Vamos, pídeme perdón
    y luego, rápido, levántate,
    porque, fíjate bien, lo más grave no es haber caído,
    sino quedarse tirado en el suelo.

ES DE NOCHE

Sólo los ciegos se ponen en las manos de un lazarillo y se dejan conducir como niños. De ahí que, para purificar la acción todavía demasiado humana del creyente, el Señor se ve obligado a negarle toda luz.

En adelante no deberá poner su confianza más que en Dios.

El hombre tenía sus esperanzas puestas en la organización, ya no sabe qué hacer. Creía en su palabra, no sabe ensartar tres frases. Confiaba en el valor de las reuniones, fracasan estrepitosamente las que había preparado con todo detalle.

Donde antes lograba los más resonantes éxitos, hoy cosecha un desastre tras otro. Y Dios, como si se mofase de su inutilidad repentina y total, sigue actuando, pero al margen de lo normal hasta entonces, sin tener en cuenta en lo más mínimo a este «servidor inútil».

Y para colmo, cuando el creyente avergonzado y al borde de la desesperación busca a Cristo para llorar en su presencia, éste se hace invisible.

Y el cristiano se queda solo en la noche.

La prueba es dura. No hay que hacer nada para escamoteársela, pero hay que confortarle en ella.

Al igual que la presa cierra el paso al agua para acumular más y multiplicar su fuerza, así Dios, que no quiere para el creyente una acción a ras del suelo, le hará fracasar de tejas abajo, para purificarle más y más y llevarle hasta el fondo de su fe.

* * *

Al llegar el mediodía, toda la región quedó sumida en tinieblas hasta las tres. Y a eso de las tres gritó Jesús con voz fuerte: «Dios mío, ¿por qué me has abandonado?» (Mc 15, 33-35).

Señor, es de noche.
    ¿Estás también aquí, en mi noche?

Tu luz se ha apagado y su reflejo sobre los hombres
    y las cosas ha desaparecido
    y todo me parece gris y sombrío como la naturaleza
    cuando la niebla eclipsa el sol y amortaja la tierra.
Todo se me hace cuesta arriba, todo me pesa y yo me sien-
    to torpe y lento.
Al despertar, la mañana me abruma
    porque me reserva un nuevo día.
Ansío desaparecer y deseo la muerte como un olvido.
Quisiera partir,
    escaparme, escapar
    no sé adónde, escaparme.
¿Escapar de quién?
De ti, Señor, de los otros, de mí, no sé de quién.
Pero escapar
    huir.

Y camino como un borracho
    empujado por la costumbre, sin un porqué.
Repito cada día los mismos gestos, pero sé de antemano
    que son inútiles;
    camino, pero sé que mis pasos no van a ningún sitio;
    hablo y mis palabras me parecen horriblemente vacías
    pues sólo –lo sé– pueden oírlas los oídos de carne,
    y no las almas que viven demasiado altas y lejanas.
Aun las mismas ideas se me esconden, se me hace cuesta
    arriba el pensar.

A veces las palabras se me escapan,
    se resisten a seguir sirviéndome:
    balbuceo, me embarullo, me sonrojo,
    soy ridículo.

162

Y me avergüenzo pensando que los demás pudieran darse
cuenta.
¿Es que me estoy volviendo loco, Señor?
¿O es que tú quieres esto?

Pero todo esto no sería nada si yo no estuviese solo.
Porque estoy solo.
Tú me has arrastrado lejos, Señor; confiado yo te seguí,
mas tú ibas a mi lado,
pero he aquí que en pleno desierto, en plena noche,
bruscamente has desaparecido,
llamo y no me respondes,
te busco y no te encuentro.
He abandonado todo y ahora me encuentro solo.
Tu ausencia es mi dolor.

Es de noche, Señor.
¿Estás aquí, en mi noche?
¿Dónde estás?
¿Me amas todavía?
¿O te has cansado de mí?
Señor, respóndeme.
¡Responde!

Es de noche.

TÚ ME HAS CAUTIVADO

Quien ha «capitulado» ante Dios, quien le ha dicho «sí», normalmente no tiene que esperar mucho para ver su recompensa. El Señor le hace saborear la felicidad de poseerle y de ser poseído por Él.

No hay palabras que puedan expresar este abrazo amoroso de Dios. Lo comprendió muy bien aquel chico que, súbitamente «cautivado» por su Maestro, tuvo que bajarse de la bici, porque ya no era capaz de seguir pedaleando sin peligro.

O aquella muchacha que tuvo que abandonar por unos momentos su sección en la fábrica para encerrarse a solas y ocultar a la curiosidad de sus compañeras su semblante transfigurado.

O aquel otro chico que, después de una reunión, confesaba con la mayor ingenuidad que había pedido a Dios que «le dejara un poco», para poder seguir el diálogo de sus camaradas.

La verdad es que no hay que buscar estas gracias sensibles, pero hay que ser lo bastante sencillos para saber darle las gracias al Señor cuando nos las brinde, aprovechándose así de sus dulzuras antes de experimentar su firmeza inconmovible.

* * *

Nosotros hemos conocido y creído en el amor que Dios nos tiene. Dios es Amor… El amor no consiste en que nosotros hayamos amado a Dios, sino en que Él nos amó… (1 Jn 4, 16.10).

Lo que entonces consideraba una ganancia, ahora lo considero pérdida por amor a Cristo. Es más, pienso incluso que nada vale la pena si se compara con el conocimiento de Cristo Jesús, mi Señor. Por él he sacrificado todas las cosas, y todo lo tengo por estiércol con tal de ganar a Cristo y vivir unido a Él… Me esfuerzo a ver si lo conquisto, por cuanto yo mismo he sido conquistado por Cristo Jesús (Flp 3, 7-9.12).

Señor, me has cautivado y no he podido resistirte.
Largo tiempo escapé, pero me perseguías,
   yo corría en zigzags, pero no te di esquinazo.
Me alcanzaste.
Y aunque me resistí
¡me venciste!

Y hoy heme aquí, Señor: he dicho «sí» cansado y sin
   aliento, casi a mi pesar.
Allí estaba yo, temblando, como un vencido a merced del
   vencedor, cuando pusiste sobre mí tu mirada de Amor.

Ya está hecho, Señor, ya no podré olvidarte,
   en un instante me has conquistado,
   en un instante me has cautivado,
   has barrido mis dudas,
   mis temores volaron.
Te reconocí sin verte,
   te sentí sin tocarte,
   te comprendí sin oírte.
Ya estoy marcado con el fuego de tu amor,
   ya está hecho: nunca podré olvidarte.

Ahora sé que estás presente junto a mí y trabajo en paz
   bajo tu mirada de Amor.
   No he vuelto a saber lo que es tener que hacer esfuerzos para orar:
   me basta con levantar los ojos de mi alma hacia ti para encontrar los tuyos.
   Nada más hace falta: todo está claro, todo es paz.

En algunos momentos –gracias, Señor– me invades irre-
sistible como un brazo de mar que lentamente inunda
la playa.
O bruscamente me agarras como el amante estrecha a la
esposa que se abandona a él.

Y no evito nada: cautivo como estoy, te dejo hacer; seducido, contengo la respiración, y todo el mundo se desvanece. Tú detienes el tiempo.

¡Ah, cómo quisiera que estos minutos durasen horas!

Cuando te retiras dejándome encendido, trastornado de gozo, no sé cosas nuevas, tan sólo sé que tú me posees más intensamente: alguna nueva fibra de mi ser queda herida, la quemadura ha crecido y yo me vuelvo un poco más cautivo de tu amor.

Señor, sigues haciendo el vacío en torno a mí, pero ahora de un modo muy distinto:
es que eres demasiado grande y lo eclipsas todo.

Aquellas cosas que yo amaba ahora me parecen bagatelas, mis deseos se funden como cera por el fuego de tu Amor.

¡Qué me importan las cosas!

¡Qué me importa mi bienestar!

¡Qué me importa mi vida!

Ya no deseo nada más que a ti.

Eres lo único que quiero.

Los demás van diciendo: «Está loco».

Pero son ellos, Señor, quienes están locos.

Ellos no te conocen, no saben de Dios, no saben que no se le puede resistir.

Pero a mí… a mí me has cautivado, Señor, y ahora pongo toda mi confianza en ti.

Tú estás aquí y salto de gozo,
el sol lo invade todo y mi vida refulge como una joya,
todo es fácil, luminoso, puro,
¡todo canta!

Gracias, Señor, gracias.

¿Por qué a mí, por qué me has escogido a mí?

¡Oh, alegría, alegría, lágrimas de alegría!

ANTE TI, SEÑOR

El principiante necesita palabras, imágenes, ideas que sostengan su oración. Pero se da cuenta poco a poco de que todas estas muletas son más bien obstáculos que se oponen a su «contacto» con Dios. Cristo, al «cautivar» al creyente, le hace ver que es inútil hablar, imaginar o pensar, trátese de lo que se trate.

Sólo hay un camino: dejarse «trabajar» por Dios. Ponerse ante Él sin intermediario alguno. He aquí el medio más seguro para encontrarle, para dar con Él cuando nos invite.

Pero cuidado. Pasividad no es lo mismo que olvidarse de los demás. Al contrario, el creyente debe llevar sin aspavientos hasta Dios a los hermanos que tiene a su cargo.

Amigo de Dios. Amigo de los hombres. Sólo así realizará el gran encuentro.

* * *

Cuando ores, entra en tu cuarto y, cerrada la puerta, ora a tu Padre que está en lo secreto; y tu Padre, que ve en lo escondido, te recompensará. Y al orar no seáis charlatanes (Mt 6, 6-7).

Yo de buena gana me gastaré y me desgastaré hasta agotarme por vosotros (2 Cor 12, 15).

Como una madre que cuida de sus hijos con amor... ansiábamos entregaros no sólo el evangelio de Dios, sino también nuestras propias vidas. ¡A tal punto llegaba nuestro amor por vosotros! (1 Tes 2, 7-8).

Estar aquí, ante ti, Señor, y ya está todo.
Cerrar los ojos de mi cuerpo,
    cerrar los ojos de mi alma,
    y quedarme así, inmóvil, silencioso,

abrirme ante ti que estás abierto a mí,
estar presente a ti, el infinito presente.

Acepto, Señor, este no sentir nada
    no ver nada
    no oír nada,
    vacío de toda idea,
    de toda imagen,
    en la noche.
Heme aquí simplemente
    para encontrarte sin obstáculo
    en el silencio de la fe,
    ante ti, Señor.

Pero, Señor, no estoy solo,
    ya no puedo volver a estar solo,
    soy multitud, Señor,
    pues todos los hombres me habitan.
Los he encontrado
    y ellos han penetrado en mí
    se han instalado en mí,
    me han atormentado,
    me han traído problemas,
    me han comido,
    y yo los he dejado, Señor, para que ellos se alimenten
    y descansen.
Y ahora, cuando me presento ante ti, te los traigo.
Aquí estoy, Señor,
    aquí están
    ante ti, Señor.

ORACIONES PARA REZAR
POR EL CAMINO DE LA CRUZ

Cristo sigue en agonía.

Y sigue todavía ofreciéndose al Padre por la salvación del mundo en tantas y tantas personas que todos los días y a nuestro alrededor sufren y mueren.

El camino de la cruz –vía crucis– es también el camino de la vida.

Un verdadero cristiano no puede olvidarlo.

I

JESÚS ES CONDENADO A MUERTE

Yo, hermanos, llegué a anunciaros el testimonio de Dios no con sublimidad de elocuencia o de sabiduría, que nunca entre otros me precié de saber cosa alguna, sino a Jesucristo, y éste crucificado... Mi palabra y mi predicación no se basó en persuasivos discursos de humana sabiduría, sino en la manifestación del Espíritu de fortaleza, para que vuestra fe no se apoye en la sabiduría de los hombres, sino en el poder de Dios (1 Cor 2, 1-5).

Señor, ahora ya es demasiado tarde para callarte. Has hablado demasiado.

Es demasiado tarde para que te dejen hacer. Has luchado demasiado.

Has llamado «raza de víboras» a la gente de bien.

Les has dicho que su corazón era un negro sepulcro bellamente adornado.

Has abrazado a los podridos leprosos.

Has hablado descaradamente con extranjeros vulgares.

Has comido con pecadores públicos y has dicho que las prostitutas llegarían las primeras al Paraíso.

Te has complacido con los pobres, con los piojosos, con los lisiados.

Has cumplido desastrosamente tus prácticas piadosas.

Has querido interpretar la ley y reducirla a un solo pequeño mandamiento: amar.

Y ellos ahora se vengan.

Ellos se han movido contra ti, han ido a denunciarte a las autoridades y las autoridades van a tomar las medidas oportunas.

* * *

Señor, yo sé que si intento vivir un poco como tú,
   voy a ser condenado.
Y tengo miedo.
Ya empiezan a señalarme con el dedo.
Algunos se sonríen, otros se burlan, otros se escandalizan,
   varios de mis amigos están ya a punto de traicionarme.
Tengo miedo de pararme a la mitad del camino.
Tengo miedo de dejarme convencer por la sabiduría de los
   hombres, esa que dice: conviene hacer las cosas despa-
   cito, no hay que tomarlo todo al pie de la letra, es mejor
   hacer componendas con el adversario…
Y yo sé, Señor, que tú tienes razón.
Ayúdame, pues, a luchar.
Ayúdame a hablar.
Ayúdame a vivir tu Evangelio.
   hasta el final,
   hasta la locura,
   la locura de la cruz.

II

JESÚS CON LA CRUZ A CUESTAS

Si alguno quiere venir en pos de mí, niéguese a sí mismo, tome
cada día su cruz y sígame. Porque quien quiera salvar su vida la perderá, pero quien pierda su vida por mí la salvará (Lc 9, 23-24).

He ahí tu cruz, Señor.

¡«Tu» cruz, como si hubiera realmente una cruz «tuya»!
No, tú no tenías cruz ninguna. Más bien viniste a buscar
   las nuestras, y a todo lo largo de tu vida, a lo largo de
   todo tu camino, de tu pasión, has ido tomando –uno a
   uno– los pecados del mundo.

Ahora, pues, camina,
    dóblate,
    sufre.
Pero sigue caminando.
Es necesario que alguien lleve la cruz.

* * *

Señor, Tú caminas en silencio.
¿Acaso hay un tiempo para hablar y otro para callar?
    ¿Es que hay un tiempo para luchar y otro para cargar
    en silencio con los pecados del mundo y los nuestros?

A mí me ilusionaría batirme enarbolando la cruz;
    pero llevarla es duro,
    y cuanto más avanzo y contemplo el mal del mundo,
    más pesa la cruz en mi espalda.
Señor, ayúdame a comprender que la acción más genero-
    sa no es nada, si no es al mismo tiempo silenciosa re-
    dención.
Y puesto que has querido para mí este largo vía crucis,
    ayúdame cada mañana a reemprenderlo.

III

JESÚS CAE POR PRIMERA VEZ

Jesús dijo a Pedro y a su hermano Andrés: «Venid en pos de mí y os haré pescadores de hombres». Al instante, dejando las redes, lo siguieron (Mc 1, 16-17).

Jesús respondió a Juan y a Santiago: «¿Podéis beber el cáliz que yo he de beber o ser bautizados con el bautismo con que yo he de ser bautizado?». Le contestaron: «Sí que podemos» (Mc 10, 38-39).

Tomando consigo a Pedro, a Santiago y a Juan, comenzó a sentir temor y angustia… Vino y los encontró dormidos, y dijo a Pedro: «Simón, ¿duermes? ¿No has podido velar una hora?» (Mc 14, 33.37).

Ha caído.
Durante un rato se le vio tambalearse como un borracho.
   Al fin, se desplomó.
Dios ha mordido el polvo.

* * *

También yo, Señor, salí confiado en tu seguimiento. Y heme aquí caído.

¡Y yo que creía haberme dado a ti definitivamente!

Pero he visto una flor en un sendero y te he dejado, he dejado la embarazosa cruz, y heme aquí fuera del camino, enriquecido con unos pocos pétalos marchitos y con la soledad.

Y pasan los demás por el camino, Señor, rotos, agotados, y se preparan más cruces, más espaldas se curvan, y yo ya no estoy allí para luchar contra el mal y ayudar a los hombres a cargar con su fardo; estoy fuera del camino.

Señor, concédeme no sólo el salir y empezar a seguirte, sino también la perseverancia.

Evítame estas caídas por sorpresa que me dejan atontado y vacío, lejos de las canteras donde construyes el mundo.

IV

JESÚS ENCUENTRA A SU MADRE

«Y una espada atravesará tu alma» (Lc 2, 35).

¡Qué pena me da, Señor, tu pobre Madre!
   Ella sigue,
   te sigue,
   sigue a la humanidad en su camino de la cruz.

174

Ella va entre la masa anónima, pero no quita un instante
  los ojos de ti.
Ni uno de tus gestos, ni uno de tus suspiros, ni uno de tus
  golpes, ni una de tus heridas le resulta extraño.
Ella conoce tus sufrimientos,
  sufre tus sufrimientos;
  sin acercársete, sin hablarte, sin tocarte;
  contigo, Señor, ella salva al mundo.

* * *

A menudo, mezclado entre los hombres, yo los acompaño
  en su camino de la cruz
  y soy aplastado por el mal
  y me siento incapaz de salvar al mundo:
  es demasiado pesado, demasiado podrido,
  y además... además en cada recodo del camino descubro nuevas injusticias y nuevas impurezas.
Señor, ponme delante de los ojos a tu madre, María:
  la inútil, la ineficaz a los ojos de los hombres,
  la corredentora a los ojos de Dios.
Ayúdame a caminar entre los hombres, ávido de conocer
  su mal y su pecado.
Haz que yo nunca aparte los ojos, que jamás cierre mi corazón, para que, acogiendo en mí el dolor del mundo,
  sufra y rescate como María, tu Madre.

V

EL CIRENEO AYUDA A JESÚS A LLEVAR LA CRUZ

Lo sacaron para crucificarlo. Y requisaron a un transeúnte,
un cierto Simón de Cirene, que venía del campo... para que lle-
vase la cruz (Mc 15, 20-21).

Ayudaos mutuamente a llevar vuestras cargas, y así cumpli-
réis la ley de Cristo (Gal 6, 2).

Pasaba por allí
  y ellos lo obligaron,
  dio la casualidad de que fuese él, un desconocido.

Señor, tú aceptas su ayuda,
  no has exigido ni siquiera un gesto de amor, el hermoso impulso de un amigo generoso hacia el amigo ago-
  tado y burlado,
  has escogido el gesto forzado de ese hombre que actúa
  por miedo y coacción.
Señor todopoderoso, tú te dejas ayudar por el ser humano
  impotente,
  Señor, tú quieres tener necesidad del hombre.

* * *

Señor, yo tengo necesidad de los otros.
La ruta de los hombres es demasiado dura para ser reco-
  rrida a solas.
Pero yo aparto las manos que se me tienden.
Quiero actuar yo solo
  quiero luchar yo solo
  quiero triunfar yo solo.
Y con todo, a mi lado caminan un amigo,
  un esposo,
  un hermano,
  unos vecinos,
  unos compañeros de trabajo.
Tú los has colocado ahí, Señor, y yo los ignoro demasiado
  a menudo.
Y, no obstante, únicamente uniéndonos todos salvaremos
  el mundo.

Señor, hazme capaz de descubrir, capaz de aceptar a todos
  los cireneos que me salen al paso, aunque me ayuden
  obligados.

LA VERÓNICA ENJUGA EL ROSTRO DE JESÚS

Llevamos siempre en nuestro cuerpo la muerte de Jesús, para que la vida de Jesús se manifieste en nuestro cuerpo (2 Cor 4, 10).

Ahora vemos por un espejo y oscuramente, entonces veremos cara a cara (1 Cor 13, 12).

Señor, ella te ha mirado largamente,
    ha sufrido contigo
    y, no pudiendo más, ha empujado a los soldados
    y con un fino lienzo ha enjugado tu rostro.
¿Quedaron tus rasgos sangrientos grabados en el lienzo?
    Puede ser.
En su corazón ciertamente quedaron.

* * *

Necesito, Señor, contemplarte largamente, gratuitamente,
    como admira y ama el hermano pequeño al mayor.
Pues quiero parecerme a ti y para esto necesito, ante todo,
    mirarte.
Si tú quieres, yo me convertiré un poco en ti, pues el amigo que ama a su amigo llega a ser una sola alma con él.
Pero, Señor, demasiadas veces paso ante ti despreocupado, o me aburro cuando me paro y te miro, y así ofrezco a los otros una caricatura bien triste de ti.
Perdón por mi mirada opaca: nadie ve en ella tu Luz;
    perdón por mi cuerpo ávido de placeres: ellos no adivinan al fondo tu presencia;
    perdón por mi corazón lleno de cachivaches: ellos no encuentran en él tu Amor.

Sin embargo, Señor, ven de todos modos a mi casa: mis puertas están abiertas.

VII
JESÚS CAE POR SEGUNDA VEZ

A las jóvenes, como el esposo tardaba, les entró sueño y se durmieron (Mt 25, 5).

Estad atentos, no sea que se emboten vuestros corazones... Velad, por tanto, en todo tiempo y orad para que podáis evitar todo esto que ha de venir, y comparecer ante el Hijo del hombre (Lc 21, 34.36).

No puedes más, Señor,
    de nuevo estás en tierra.
Esta vez ya no es sólo el peso de la cruz quien provoca la
    caída, sino la fatiga acumulada, el cansancio.
El sufrimiento repetido adormece la voluntad.

* * *

Mis pecados, Señor, son unos terribles adormecedores de
    la conciencia.
Yo me habitúo rápidamente al mal:
    una falta de generosidad aquí,
    una infidelidad allá,
    una simple imprudencia más lejos.
Y mi mirada se ensombrece,
    ya no veo los obstáculos,
    no vuelvo a ver a los demás en mi camino.
Y mis oídos se cierran,
    ya no oigo la queja de los hombres.
Y me encuentro por tierra, en la llanura,
    lejos del Calvario
    que me has trazado.

Señor, te lo suplico,
permíteme esforzarme con ilusión,
líbrame de la rutina que me adormece y me mata.

JESÚS REPRENDE A LAS HIJAS DE JERUSALÉN

¿Por qué ves la paja en el ojo de tu hermano y no adviertes la viga en el tuyo? O, ¿cómo puedes decir a tu hermano: «Hermano, déjame quitarte la paja que tienes en el ojo», cuando tú no adviertes la viga que hay en el tuyo? Hipócrita; quita primero la viga de tu ojo, y luego tratarás de quitar la paja que hay en el de tu hermano (Lc 6, 41-42).

Ellas lloran,
    sollozan.
Se comprende, hay motivo sobrado para ello. ¡Si vierais
    cómo lo han dejado!
Y ellas son impotentes, no pueden intervenir.
Y entonces van y lloran, lloran de compasión.

Señor, tú las viste, las oíste.
«Llorad más bien por *vuestros* pecados».

* * *

Apiadarme de tus sufrimientos y de los del mundo,
    Señor, eso ya sé hacerlo.
Pero llorar por mis pecados… eso ya es otra cosa.
Me gusta tanto lamentarme de los de los demás.
Es más fácil.
En eso soy un verdadero maestro: por mi tribunal desfila
    todos los días el mundo entero.
Y siempre encuentro un culpable: la política, la economía,
    las chabolas, el alcohol, el cine, el trabajo, los vagos
    que no hacen nada, los curas que no comprenden nada,
    los cristianos… y tantos otros, tantos otros.
En total: todo el mundo menos yo.

Señor: enséñame que soy un pecador.

IX
JESÚS CAE POR TERCERA VEZ

Respondió Jesús a Pedro: «En verdad te digo que esta noche, antes que el gallo cante, me negarás tres veces» (Mt 26, 34).

Pedro se entristeció de que por tercera vez le preguntase: «¿Me amas?». Y le dijo: «Señor, tú lo sabes todo, tú sabes que te amo» (Jn 21, 17).

Otra vez.
Los soldados la gozan golpeando.
Él no se mueve.
¿Estás muerto, Señor?
No, pero sí al final de las fuerzas.
Minuto de angustia terrible.

Y hay que seguir,
    seguir en el estado en que estás,
    seguir.
Un paso, otro más, otro aún…
Señor, has caído por tercera vez, pero ahora en la cima del
    Calvario.

* * *

Otra vez.
Sigo cayendo a cada paso.
No lograré llegar jamás.
Lo he dicho alguna vez, Señor,
    y te pido perdón,
    porque es ahí donde estabas esperándome
    para medir mi confianza.
Si me desanimo, Señor, estoy perdido.
Mientras luche sigo estando salvado.
    pues tú has caído por tercera vez, pero ya en la cima
    del Calvario.

JESÚS ES DESPOJADO DE SUS VESTIDURAS

Es llegada la hora en que el Hijo del hombre será glorificado. En verdad, en verdad os digo, que si el grano de trigo no cae
en la tierra y muere, quedará solo; pero si muere dará mucho
fruto (Jn 12, 23-24).

Ya lo único tuyo que te quedaba era la túnica.
Le tenías un cariño especial: la había tejido tu madre.
Pero aun eso sobraba.
Una sola cosa, Señor, es necesaria:
    tu cruz.

Ahora todo lo que os separaba ha desaparecido,
    al fin podéis tu cruz y tú desposaros para siempre,
    y, trágica pareja, vais a salvar al mundo.

* * *

También yo, Señor,
    debo abandonar todos estos vestidos de ceremonia
    que me estorban en mi vida
    y me esconden a tus ojos,
    este «tener» que ahoga el «ser» en mí,
    y me separa de los otros.
Así, Señor, yo debo, poco a poco, hacer morir en mi vida
    todo aquello que no sea fidelidad a tu voluntad.
Y esto no me gusta nada, Señor:
    hay que estar siempre muriendo.
Qué exigente eres:
    yo doy y aún sigues pidiendo.
Me gustaría quedarme con cuatro naderías,
    cuatro fruslerías que se me pegan a la piel
    y no acabo de resignarme a ofrecerte.

Pero si tú lo quieres todo, Señor, tómalo todo.

Arranca tú mismo mi último vestido.

Pues yo sé bien que hace falta morir para merecer la Vida,
como el grano debe pudrirse para que pueda nacer la
espiga de oro.

XI

JESÚS ES CLAVADO EN LA CRUZ

Estoy crucificado con Cristo, y ya no vivo yo, es Cristo quien
vive en mí. Y aunque al presente vivo en carne, vivo en la fe del
Hijo de Dios, que me amó y se entregó por mí (Gal 2, 19-20).

Señor, te extiendes en la cruz todo lo largo que eres.

Ya está.

Perfecto.

No hay nada que tocar, te está a la medida.

La ocupas toda entera y, para que quede bien seguro que
te unes a ella totalmente, dejas a los hombres que te
claven cuidadosamente a sus leños.

Esto sí que es, Señor,
un trabajo bien hecho, a conciencia.

Ahora tú coincides plenamente con tu cruz, como la pieza
que poco a poco limada, encaja según el proyecto del
ingeniero.

Tú quisiste llegar a esta precisión.

Ya no se mueve.

* * *

Así, Señor, yo debo unir
mi cuerpo, mi corazón, mi espíritu
y, tan largo como soy, tenderme sobre la cruz
del momento presente.

Y no tengo derecho a elegir la madera de mi pasión:
   la cruz ya está esperando, a mi medida.
Tú me la ofreces cada día, cada minuto,
   y yo debo ocuparla.
No es agradable, Señor, el momento presente es tan estre-
   cho que no hay modo de darse en él la vuelta.
Con todo, Señor, yo no te encontraré en otra parte,
   es ahí donde me esperas,
   es ahí donde, tú y yo juntos,
   salvaremos a nuestros hermanos.

XII

JESÚS MUERE EN LA CRUZ

   Cristo se anonadó; tomó la forma de siervo y se hizo seme-
jante a los hombres; y en la condición de hombre se humilló, hecho obediente hasta la muerte y muerte de cruz (Flp 2, 7-8).
   Hemos de dar la vida por nuestros hermanos (1 Jn 3, 16).

Todavía unas horas,
   todavía unos minutos,
   todavía unos instantes.
Hace ya treinta y tres años que dura esto,
   treinta y tres años que vienes viviendo seriamente
   minuto a minuto.
Pero ahora ya no puedes escapar,
   ahora estás aquí,
   volcado hacia el fin de tu vida,
   hacia el final de tu camino.
Hete aquí, ya en las últimas, acorralado frente al vacío.
Ánimo, hay que dar el paso,
   hay que dar el paso de la entrega,
   el último paso de la vida que desemboca en la muerte.

¡Y dudas!
Tres horas, tres horas de agonía, son largas.
Más largas que tres años de vida,
   más largas que treinta años de vida.

Tienes que decidirte, Señor, todo está preparado,
   externamente al menos.
Tú estás ahí, inmóvil en tu cruz,
   has logrado morir ya a todo lo que no fuera abrazar
   estos palos cruzados para los que has nacido.
Pero aún circula la vida por tu Cuerpo clavado.
¡Vamos: muere, pues, carne mortal, y brote ya tu eternidad en ti!

Ahora la vida se escapa ya, abandonando uno a uno cada
   miembro,
   y se refugia acorralada por la muerte en este corazón
   que todavía palpita.
Corazón inmenso,
   corazón desbordante,
   corazón pesado como un mundo,
   el mundo de pecados y miserias que lleva encima.

Señor, un esfuerzo más.
Mira la humanidad que, sin saberlo, espera el grito de su
   Salvador.
Tus hermanos están ahí, te necesitan.
Tu Padre se inclina y extiende ya sus brazos.
Señor, sálvanos.
¡Sálvanos!

* * *

Mirad: Él ha recogido en sus manos
   lo poco que le quedaba de vida,
   ha tomado su pesado corazón

y
lentamente
penosamente
solo entre el cielo y la tierra
en la noche atroz
loco
loco de amor
ha levantado su Vida
ha levantado el pecado del mundo
hasta el borde de sus labios
y, en un grito, lo ha entregado *todo*:
«Padre, en tus manos encomiendo mi espíritu».

Cristo acaba de morir por nosotros.

* * *

Señor, ayúdame a morir por ti.
Ayúdame a morir por ellos.

XIII

JESÚS EN LOS BRAZOS DE SU MADRE

Le dijo su Madre: «¿Por qué nos has hecho esto? Mira que
tu padre y yo, apenados, andábamos buscándote». Y Él les dijo:
«¿Por qué me buscabais? ¿No sabíais que es preciso que me
ocupe en las cosas de mi Padre?» (Lc 2, 48-49).

Tu obra está concluida,
    puedes dejar tu herramienta,
    puedes irte a descansar, te lo has ganado bien.

Y lentamente te deslizas como un hombre fatigado, que se
    cae de sueño.

Tu Madre te recibe en sus brazos:

«¡Cómo estás, hijo mío! ¡Qué exagerado eres! ¡Estás muerto de cansancio! Quizás el Padre no te pedía tanto».

Pero tú descansas en paz,

    sobre tu rostro, calmo y apaciguado, hay un brillo de gozo, es el reflejo de tu conciencia tranquila.

En verdad que has hecho sufrir a tu Madre; pero ella está orgullosa de ti.

«Duerme ahora, pequeño mío. Tu Madre te mira».

* * *

Así yo me duermo al concluir cada jornada.

Y ¡en qué estado a veces, Señor!

Pero, ¡ay!, mi fatiga y mi suciedad no siempre vienen del servicio al Padre.

María, ¿querrás –a pesar de todo– velarme cada noche?

Mi cuerpo está cargado de impurezas, pero mi corazón pide perdón.

No olvides que eres refugio de pecadores.

Santa María, Madre de Dios, ruega por mí, pobre pecador.

Concédeme, por los méritos de tu Hijo, que jamás me duerma sin haber obtenido el perdón de tu Hijo.

Y que, reposando cada noche en tus brazos, en paz, vaya entrenándome para morir.

XIV

JESÚS ES COLOCADO EN EL SEPULCRO

Completo en mi carne lo que falta a las tribulaciones de Cristo por su cuerpo que es la Iglesia (Col 1, 5).

Porque así como abundan en nosotros los padecimientos de Cristo, así por Cristo abunda nuestra consolación (2 Cor 1, 5).

No hablemos más de ello.
Volved todos a vuestras casas.
Él ha sido enterrado y la piedra está ya colocada.
La familia llora, los amigos están desamparados.
Ahora sí que todo se ha acabado.

* * *

Pero no, Señor, esto no se termina.
«Tú estás en agonía hasta el fin de los siglos», lo sé.
Los hombres se relevan en el camino de la cruz.
La resurrección sólo será completa al final del camino del
    mundo.
Y yo estoy en camino, tengo mi pequeña porción y los de-
    más la suya.
Juntos nos vamos repartiendo a lo largo del tiempo lo que
    Tú te has encargado de divinizar.
Ésta es mi esperanza, Señor, y mi invencible confianza:
    no hay ni un pedazo de mi pequeño dolor que Tú no
    hayas vivido y transformado en infinita redención.

Si la ruta es dura y monótona,
    si conduce al sepulcro,
    yo sé que, al otro lado del sepulcro,
    tú me esperas glorioso.

Señor, ayúdame a recorrer fielmente mi camino, firme en
    mi sitio dentro de la humanidad.
Ayúdame, sobre todo, a reconocerte y a ayudarte en todos
    mis hermanos de peregrinación.
Pues sería una inmensa mentira llorar ante tu fría imagen
    si yo no te siguiera Vivo en el camino de los hombres.

EPÍLOGO

Ramón María Sans Vila

Ya está. Quoist no escribió más. Y con la última página te habrá entrado la alegría del punto final. La misma que sintió Dios al atardecer del sexto día.

Pero ¿tú crees que un libro de oraciones tiene punto final?, ¿crees que la oración llega a estar completa alguna vez?

Ésta es una cabeza de puente. Pero es tan grande la distancia… Y Dios siempre pide más.

Este libro tiene un defecto: le faltan páginas en blanco. Pregúntaselo si no a tantos amigos de otras latitudes que apretadamente habían ido anotando en los espacios blancos sus oraciones, sus vivencias de Dios. A mí se me ocurre pensar que en la imprenta del cielo los ángeles bien podrían ir preparando una nueva edición con las correcciones y comentarios de todos ellos. De todos ellos y tuyas.

Subraya. Anota. Prolonga. Si únicamente los íntimos pudieran ojear tu Quoist, sería señal de que tu oración era tuya.

Tal vez te extrañe que seamos dos quienes firmamos la traducción. Y no es que nos hayamos repartido alegremente las oraciones.

Fue en el Colegio Español de Roma donde un día nos dimos cuenta de que, años atrás y en lejanía geográfica, ambos habíamos asistido a las mismas clases y con el mismo texto. Se nos notaba. Y nos pareció interesante repasar aquellas lecciones a la luz de nuestro ministerio, prestándonos nuestro Quoist. Así fue.

Y cada noche comentábamos nuestra oración. Pensando en los otros, en ti.

Los jóvenes nos reímos a veces de los consejos de nuestros mayores. Queremos redescubrir por nosotros mismos el mundo, las cosas, a Dios. Pero… acepta un consejo: las introducciones son introducciones; hay que leerlas antes de cada oración.

Yo también abrí un día el Quoist «sin tiempo para introducciones».

Fue el impresor quien me ayudó a descubrir el sentido de la letra pequeña. Por razones técnicas sólo me mandó pruebas de las introducciones y de los textos bíblicos. Aquel día me encontré con el mejor análisis de la vida de oración que conozco. ¿Por qué no intentas tú mismo esta experiencia?

Estoy seguro de que desde el día en que entraron estas páginas en tu diálogo con Dios cuentas con un amigo más. Nos ha pasado a todos.

Permíteme que te pida un favor: haz que también tus amigos se esfuercen en rezar por la calle. Nuestras calles, nuestras vidas, mejorarán.